DGUV Vorschrift 1

Grundsätze der Prävention

2. Auflage 2024

M. Hussing

ecomed
SICHERHEIT

Impressum

Bibliografische Informationen der Deutschen Nationalbibliothek

Die Deutsche Nationalbibliothek verzeichnet diese Publikation in der Deutschen Nationalbibliografie; detaillierte bibliografische Daten sind im Internet über http://dnb.de abrufbar.

Bei der Herstellung des Werkes haben wir uns zukunftsbewusst für umweltverträgliche und wiederverwertbare Materialien entschieden. Der Inhalt ist auf chlorfreiem Papier gedruckt.

Im Sinne eines leichteren Leseflusses und zur Vermeidung grammatikalischer Verkomplizierungen werden in der vorliegenden Broschüre bei der Bezeichnung verschiedener Personengruppen jeweils die männlichen Formen genannt, obwohl immer männliche und weibliche Vertreter dieser Personengruppen gleichermaßen gemeint sind.

ISBN 978-3-609-69231-9

E-Mail: kundenservice@ecomed-storck.de
Telefon: +49 89/2183-7922
Telefax: +49 89/2183-7620

Umschlagfoto:
momius-fotolia.com

www.ecomed-storck.de

Satz: abavo GmbH, Buchloe
Druck: CPI Books GmbH, Leck

Vorwort

Ihrem umfassenden gesetzlichen Auftrag nach §§ 1, 14 SGB VII sind die Unfallversicherungsträger (UV-Träger) u.a. durch den Erlass von Unfallverhütungsvorschriften (UVV) nach § 15 SGB VII nachgekommen. UVV werden als Satzungsrecht von der aus Vertreterinnen und Vertretern der Arbeitgeber- und Versichertenseite bestehenden Selbstverwaltung jedes UV-Trägers beschlossen und vom zuständigen Bundesministerium oder von der jeweils zuständigen obersten Landesbehörde genehmigt. Für Unternehmen und Versicherte stellen UVV verbindlich geltendes Recht dar. Ihre Einhaltung wird von den Präventionsdiensten bzw. den Aufsichtspersonen der Unfallversicherungsträger überprüft.

Die DGUV* Vorschrift 1 „Grundsätze der Prävention" (nebst der diese konkretisierenden DGUV Regel 100-001) ist die zentrale Basisvorschrift der Prävention. In ihrem Aufbau, ihrer umfassenden Geltung für alle Branchen, Tätigkeiten, Arbeitsbereiche und Arbeitsverfahren im Zuständigkeitsbereich der UV-Träger sowie in ihrem Anspruch, Grundsätzliches zu regeln, ist sie das Äquivalent der gesetzlichen Unfallversicherung zu zentralen staatlichen Arbeitsschutzvorschriften.

Sie enthält die wesentlichen Bestimmungen über die Organisation des Arbeitsschutzes und über die im Betrieb zu treffenden Präventionsmaßnahmen. Unterhalb der Vorschriftenebene haben die Unfallversicherungsträger ein umfassendes Schriftenwerk (DGUV Regeln, DGUV Informationen, „Fachbereich Aktuell" und DGUV Grundsätze) zur Unterstützung der Unternehmerinnen, Unter-

* DGUV= Deutsche Gesetzliche Unfallversicherung

nehmer und Versicherten bei der Wahrnehmung ihrer Pflichten im Bereich Sicherheit und Gesundheit erarbeitet.

Die DGUV Vorschrift 1 besteht aus sieben Kapiteln und zwei Anlagen:

1.	Allgemeine Vorschriften	§ 1
2.	Pflichten des Unternehmers	§§ 2–14
3.	Pflichten der Versicherten	§§ 15–18
4.	Organisation des betrieblichen Arbeitsschutzes	§§ 19–31
5.	Ordnungswidrigkeiten	§ 32
6.	Aufhebung von Unfallverhütungsvorschriften	§ 33
7.	Inkrafttreten	§ 34

Anlage 1:
Zu § 2 Abs. 1: Staatliche Arbeitsschutzvorschriften

Anlage 2:
Zu § 26 Abs. 2: Voraussetzungen für die Ermächtigung als Stelle für die Aus- und Fortbildung in der Ersten Hilfe

Erstes Kapitel: Allgemeine Vorschriften

§ 1 – Geltungsbereich von Unfallverhütungsvorschriften

(1) Unfallverhütungsvorschriften gelten für Unternehmer und Versicherte;

sie gelten auch

- für Unternehmer und Beschäftigte von ausländischen Unternehmen, die eine Tätigkeit im Inland ausüben, ohne einem Unfallversicherungsträger anzugehören;
- soweit in dem oder für das Unternehmen Versicherte tätig werden, für die ein anderer Unfallversicherungsträger zuständig ist.

(2) Für Unternehmer mit Versicherten nach § 2 Absatz 1 Nummer 8 Buchstabe b Sozialgesetzbuch Siebtes Buch (SGB VII) gilt diese Unfallverhütungsvorschrift nur, soweit nicht der innere Schulbereich betroffen ist.

Das staatliche Arbeitsschutzrecht dient der Sicherheit und dem Gesundheitsschutz der „Beschäftigten bei der Arbeit“ und verpflichtet den „Arbeitgeber“. Im Gegensatz dazu gelten Unfallverhütungsvorschriften wesentlich weitergehend für „Unternehmer“ (§ 136 Sozialgesetzbuch Siebtes Buch – SGB VII) und „Versicherte“ (§§ 2 f. SGB VII). Kinder, Schüler und Studierende während des Besuchs der Einrichtung sowie ehrenamtlich Tätige etc. werden damit als „Versicherte“ vom Schutzbereich der Gesetzlichen Unfallversicherung (SGB VII) erfasst, nicht jedoch – von wenigen Ausnahmen abgesehen – unmittelbar in den Geltungsbereich des staatlichen Arbeitsschutzrechts einbezogen. Von diesem sehr weiten Geltungsbereich von Unfallverhütungsvorschriften macht nach dem Motto „vom Generellen zum Speziellen“ z.B. die DGUV Vorschrift 2 eine Ausnahme insofern, als dass diese einschränkend wiederum nur für Beschäftigte gilt. Daneben finden sich auch in der DGUV Vorschrift 1 Regelungen, die ausschließlich nur für Beschäftigte gelten, so z.B. § 6, oder die nur für Beschäftigte und die nach § 2 Abs. 1 Nr. 2, 8 und 12 SGB VII Versicherten gelten, so z.B. § 20 (s.u.).

Persönlicher Geltungsbereich

Unternehmer

§ 121 Abs. 1 SGB VII stellt klar, dass Anknüpfungspunkt der Unternehmer und der Versicherten in der Gesetzlichen Unfallversicherung das Unternehmen bzw. bestimmte versicherte Tätigkeiten sind. Unternehmen ist dabei nach der Legaldefinition in § 136 Abs. 3 SGB VII der Sammelbegriff für Betriebe, Verwaltungen, Einrichtungen und Tätigkeiten. Die Aufzählung macht deutlich, dass unter einem Unternehmen nicht nur ein Betrieb im herkömmlichen Sinne zu verstehen ist; vielmehr ist jede Tätigkeit geeignet, ein Unternehmen zu begründen, so. z.B. auch private Tätigkeiten als Halter eines Hundes.

Einbeziehung von Soloselbständigen

Der Personenkreis der Soloselbständigen und z.B. der privaten Bauherrn spielt insbesondere im Bereich der Baubranche eine Rolle. Soloselbständige, die z.B. auf einer Baustelle arbeiten, auf der auch Beschäftigte anderer Arbeitgeber tätig sind, haben in Bezug auf diese Beschäftigten die staatlichen Arbeitsschutzvorschriften uneingeschränkt einzuhalten (s. § 6 BauStellV iVm § 13 Abs. 1 Nr. 5 ArbSchG). Für den Sonderfall, dass Soloselbständige allein oder nur zusammen mit anderen Soloselbständigen auf der Baustelle arbeiten, findet das staatliche Arbeitsschutzrecht indes keine Anwendung. Eine ähnliche Bewertung ergibt sich bei den nicht vom staatlichen Arbeitsschutzrecht erfassten privaten Bauherren und ihren Helfern. Soloselbständige unterfallen indes dem weiten Begriff des Unternehmers nach § 136 Abs. 3 SGB VII und fallen damit in den Anwendungsbereich des SGB VII und der Unfallverhütungsvorschriften. Dies wird insbesondere in der UVV Bauarbeiten (DGUV Vorschrift 38) deutlich hervorgehoben.

Einbeziehung „neuer/atypischer" Erwerbsformen

Der Zugang zur Sozialversicherung knüpft hauptsächlich an den Erwerbsstatus an; die Einordnung einer Erwerbstätigkeit als (versicherungspflichtige) abhängige Beschäftigung oder als (im Regelfall versicherungsfreie) selbstständige Tätigkeit ist damit zentral. Aktuelle Entwicklungen, darunter vor allem die Entwicklung der sog. Plattformökonomie und Digitalisierung, verschieben tendenziell die Erwerbstätigkeit von der traditionellen Beschäftigung in die Selbständigkeit und begünstigen hybride Erwerbsformen. Gemeinsam ist jedoch allen Selbstständigen, dass sie (anders als abhängig Beschäftigte) zu einem ganz überwiegenden Teil nicht verpflichtend in die Sozialversicherungssysteme einbezogen sind. Im Gegensatz dazu steht die mögliche soziale Schutzbedürftigkeit der selbständig Tätigen. Der Diskussionsprozess hierzu ist innerhalb der gesetzlichen Unfallversicherung noch nicht abgeschlossen.

Versicherte Person – versicherte Tätigkeit

Die Gesetzliche Unfallversicherung ist weder eine Personen-, noch eine Tätigkeitsversicherung, sondern eine Versicherung „bei" bestimmten Tätigkeiten nach §§ 2 ff. SGB VII.

Ausländische Unternehmer und Beschäftigte

Ausländische Personen sind vielfach gemeinsam mit den deutschen Versicherten in einer Betriebsstätte oder an Arbeitsplätzen tätig. Nach § 5 Sozialgesetzbuch Viertes Buch (SGB IV) unterliegt ein Arbeitnehmer bei einer Beschäftigung im Inland nicht den Vorschriften über die deutsche Sozialversicherung, wenn es sich um eine Entsendung im Rahmen eines im Ausland bestehenden Beschäftigungsverhältnisses handelt und die Dauer der Beschäftigung im Voraus zeitlich begrenzt ist. Bei Entsendung innerhalb der Mitgliedstaaten der Europäischen Union sind für Staatenangehörige der Mitgliedstaaten Artikel 12 der EG-Verordnung 883/2004 und die Durchführungsverordnung (EG) Nr. 987/2009 zu beachten. Danach unterliegt eine Person, die in einem Mitgliedstaat auf Rechnung eines Arbeitgebers, der gewöhnlich dort tätig ist, eine Beschäftigung ausübt und die von diesem Arbeitgeber in einen anderen Mitgliedstaat entsandt wird, um dort eine Arbeit für diesen Arbeitgeber auszuführen, weiterhin den Rechtsvorschriften des ersten Mitgliedstaats, wenn die voraussichtliche Dauer dieser Arbeit 24 Monate nicht überschreitet und diese Person nicht eine andere Person ablöst. Liegen die Voraussetzungen des Art. 12 EG-Verordnung 883/2004 vor, unterliegt z.B. ein polnischer Leiharbeiter auch weiterhin den Rechtsvorschriften aus Polen.

Im Hinblick auf die Geltung von Unfallverhütungsvorschriften (UVVen) ist jedoch § 16 Abs. 2 SGB VII zu beachten. Danach gelten die UVVen eines UV-Trägers auch für Unternehmen und Beschäftigte von ausländischen Unternehmen, die eine Tätigkeit im Inland ausüben, ohne einem UV-Träger anzugehören. Nach der amtlichen Begründung zu § 16 Abs. 2 SGB VII (an den § 1 der DGUV

Vorschrift 1 angelehnt ist) ist die Erweiterung des Geltungsbereiches von UVVen wegen der Gefährdung der Beschäftigten erforderlich. Mit der Einbeziehung ausländischer Unternehmer und Beschäftigter wird der Geltungsbereich von UVVen durch Absatz 1 auf Personen ausgedehnt, die nicht zu den Mitgliedern und Versicherten der deutschen Unfallversicherungsträger (UV-Träger) zählen. Die Aufsichtspersonen der UV-Träger können damit auch gegenüber ausländischen Unternehmern und Beschäftigten Anordnungen erlassen.

Tätigwerden in einem anderen Unternehmen

Wenn ein Versicherter in einem Unternehmen tätig wird, das bei einem anderen UV-Träger Mitglied ist, gelten für den Versicherten auch die Unfallverhütungsvorschriften des anderen UV-Trägers sowie die einschlägigen staatlichen Vorschriften (Beispiel: Beauftragt ein Chemieunternehmen ein Bauunternehmen mit Umbaumaßnahmen, so hat das Bauunternehmen die Vorschriften, die für das Chemieunternehmen gelten, ebenfalls zu beachten).

Sachlicher Geltungsbereich

Die Formulierung „Unfallverhütungsvorschriften gelten für Unternehmer und Versicherte" stellt klar, dass sich die Verbindlichkeit von UVV (und damit die daraus erwachsenden Rechte, vor allem aber Pflichten) auf alle UVV und nicht nur auf die DGUV Vorschrift 1 beziehen.

Innerer und äußerer Schulbereich

In öffentlichen Schulen nehmen zwei Unternehmer die Verantwortung für Sicherheit und Gesundheit wahr: für den **inneren Schulbereich** ist der Schulhoheitsträger verantwortlich, also die in den Bundesländern für Schule zuständigen Ministerien und Senatsbehörden. Sie sind für die Organisation des Schulbetriebes, die Gestaltung der schulischen Prozesse sowie die Inhalte, Methoden und Organisation der schulischen Veranstaltungen verantwortlich. Zudem sind sie unfallversicherungsrechtlich verantwortlich für die Sicherheit und Gesundheit ihrer Beschäftigten, also vor allem der Lehrkräfte.

Für den **äußeren Schulbereich** öffentlicher Schulen sind als Sachkostenträger überwiegend Kommunen und Landkreise verantwortlich. Der äußere Schulbereich umfasst das Schulgebäude, die Einrichtung und Ausstattung der Schulraume sowie die Freiflachen und deren Ausstattung, zum Teil auch organisatorische Aufgaben wie die Organisation des Schülerspezialverkehrs.

Der Schutzzweck der Schüler-Unfallversicherung für die in § 2 Abs. 1 Nr. 8 SGB VII genannten Personen ist enger als der UV-Schutz der gewerblichen Unfallversicherung. Da der Schüler nicht „beim", sondern „während" des Besuches von allgemein- oder berufsbildenden Schulen oder der Teilnahme an einer Betreuungsmaßnahme versichert ist, ging der Gesetzgeber nicht von einem umfassenden Versicherungsschutz ohne Rücksicht auf den organisatorischen Verantwortungsbereich der Schule aus. § 1 Abs. 2 legt entsprechend fest, dass die Regelungen der DGUV Vorschrift 1 „Grundsätze der Prävention" für den inneren Schulbereich, d.h. die inhaltliche und methodische Gestaltung sowie die Organisation des Unterrichts und den Schulbetrieb, keine Anwendung finden. § 21 Abs. 2 SGB VII stellt hierbei sicher, dass die Aufspaltung des Unternehmers bei Schulen (Sachkostenträger und Schulhoheitsträger) die Prävention nicht beeinträchtigt. Entsprechend ist nach § 21 Abs. 2 S. 2 SGB VII der Schulhoheitsträger in seinem Zuständigkeitsbereich verpflichtet, im Benehmen mit dem für die Versicherten nach § 2 Abs. 1 Nr. 8 lit. b

SGB VII zuständigen UV-Träger eigene Regelungen für den inneren Schulbereich zu treffen. UV-Träger und Schulhoheitsträger haben demnach nach § 21 Abs. 2 S. 2 SGB VII eine gemeinsam zu erfüllende Präventionsverantwortung. Zur Unterstützung des jeweiligen Unternehmers im Schulbereich ist seitens der DGUV die DGUV Regel 102-601 Branche Schulen im August 2019 erschienen (www.dguv.de).

Zweites Kapitel: Pflichten des Unternehmers

§ 2 – Grundpflichten des Unternehmers

(1) Der Unternehmer hat die erforderlichen Maßnahmen zur Verhütung von Arbeitsunfällen, Berufskrankheiten und arbeitsbedingten Gesundheitsgefahren sowie für eine wirksame Erste Hilfe zu treffen. Die zu treffenden Maßnahmen sind insbesondere in staatlichen Arbeitsschutzvorschriften (Anlage 1), dieser Unfallverhütungsvorschrift und in weiteren Unfallverhütungsvorschriften näher bestimmt. Die in staatlichem Recht bestimmten Maßnahmen gelten auch zum Schutz von Versicherten, die keine Beschäftigten sind.

(2) Der Unternehmer hat bei den Maßnahmen nach Absatz 1 von den allgemeinen Grundsätzen nach § 4 Arbeitsschutzgesetz auszugehen und dabei vorrangig das staatliche Regelwerk sowie das Regelwerk der Unfallversicherungsträger heranzuziehen.

(3) Der Unternehmer hat die Maßnahmen nach Absatz 1 entsprechend den Bestimmungen des § 3 Absatz 1 Sätze 2 und 3 und Absatz 2 Arbeitsschutzgesetz zu planen, zu organisieren, durchzuführen und erforderlichenfalls an veränderte Gegebenheiten anzupassen.

(4) Der Unternehmer darf keine sicherheitswidrigen Weisungen erteilen.

(5) Kosten für Maßnahmen nach dieser Unfallverhütungsvorschrift und den für ihn sonst geltenden Unfallverhütungsvorschriften darf der Unternehmer nicht den Versicherten auferlegen.

Erforderliche Maßnahmen des Arbeitsschutzes

Der Unternehmer (auch der ausländische, siehe oben § 1) ist verantwortlich, alle erforderlichen Maßnahmen des Arbeitsschutzes zu treffen. Prävention muss dabei früh ansetzen (Verhütung). Die jeweiligen Maßnahmen sind den einschlägigen staatlichen Arbeitsschutzvorschriften und den Unfallverhütungsvorschriften (damit auch der DGUV Vorschrift 1) zu entnehmen. In Anlage 1 sind – nicht abschließend – beispielhaft staatliche Arbeitsschutzvorschriften aufgelistet. Basis der Ermittlung der erforderlichen Maßnahmen durch den Unternehmer ist die nach § 3 vorzunehmende Gefährdungsbeurteilung. Aus dem Terminus „erforderlich" ergibt sich zugleich, dass der Unternehmer nicht zu sämtlichen Maßnahmen verpflichtet ist, sondern nur zu denjenigen Maßnahmen, für die bei bestehender Gesundheitsgefahr ein milderes Mittel nicht bekannt oder nicht in Betracht kommt (Verhältnismäßigkeitsgrundsatz). Bei einer Entsendung von Versicherten ins Ausland ist zu prüfen, welche Vorschriften dort einzuhalten und in welchem Umfang die deutschen Vorschriften anzuwenden sind. Die Kosten für Arbeitsschutzmaßnahmen trägt der Unternehmer.

Inbezugnahme staatlichen Rechts

Die Inbezugnahme des – von wenigen Ausnahmen abgesehen – an sich nur für Beschäftigte geltenden staatlichen Rechts in Absatz 1 Satz 3 ermöglicht, die Inhalte des staatlichen Rechts über die Beschäftigten hinaus auf alle Versicherten auszuweiten. Ziel ist letztendlich, Regelungslücken zu vermeiden, d.h., alle Versicherten unterliegen – sofern nicht spezielle Regelungen für bestimmte Versichertengruppen bestehen (z.B. Feuerwehren) – grundsätzlich denselben Rechtsvorschriften. Zudem werden so Doppelregelungen im staatlichen und im UV-Recht vermieden. Zu beachten ist allerdings, dass die staatlichen Rechtsvorschriften nicht auf alle Versicherten im gleichen Maße Anwendung finden. Anderenfalls müssten Vorgaben eingehalten werden, die angesichts der Gefährdungen gar nicht notwendig oder umsetzbar wären. Hier setzt der sogenannte „Grundsatz der Verhältnismäßigkeit" an. Danach müssen die zu treffenden Maßnahmen „geeignet, erforderlich und angemessen" sein. Bestehen Zweifel, ob und in welchem Umfang staatliches Recht Anwendung findet, sollte eine Beratung durch den zuständigen Unfallversicherungsträger erfolgen.

Allgemeine Grundsätze des Arbeitsschutzes

Die allgemeinen Grundsätze des Arbeitsschutzes im Sinne des § 4 Arbeitsschutzgesetz (ArbSchG) sind:

1. Die Arbeit ist so zu gestalten, dass eine Gefährdung für das Leben sowie die physische und die psychische Gesundheit möglichst vermieden und die verbleibende Gefährdung möglichst gering gehalten wird,
2. Gefahren sind an ihrer Quelle zu bekämpfen,
3. bei den Maßnahmen sind der Stand der Technik, Arbeitsmedizin und Hygiene sowie sonstige gesicherte arbeitswissenschaftliche Erkenntnisse zu berücksichtigen,
4. Maßnahmen sind mit dem Ziel zu planen, Technik, Arbeitsorganisation, sonstige Arbeitsbedingungen, soziale Beziehungen und Einfluss der Umwelt auf den Arbeitsplatz sachgerecht zu verknüpfen,
5. individuelle Schutzmaßnahmen sind nachrangig zu anderen Maßnahmen,
6. spezielle Gefahren für besonders schutzbedürftige Beschäftigtengruppen sind zu berücksichtigen,
7. den Beschäftigten sind geeignete Anweisungen zu erteilen,
8. mittelbar oder unmittelbar geschlechtsspezifisch wirkende Regelungen sind nur zulässig, wenn dies aus biologischen Gründen zwingend geboten ist.

Regelwerk

Mit dem im Jahr 2011 zwischen Unfallversicherung, Bund und Ländern vereinbarten „Leitlinienpapier im Arbeitsschutz“ wurde der Vorrang des staatlichen Rechts festgeschrieben, s. auch § 15 SGB VII. Dementsprechend legt § 2 Absatz 2 fest, dass der Unternehmer vorrangig das staatliche Regelwerk sowie das Regelwerk der UV-Träger zu berücksichtigen hat. Auf der Basis des § 18 Absatz 2 Nr. 5

Arbeitsschutzgesetz (ArbSchG) und der entsprechenden Verordnungen sind „staatliche Ausschüsse“ insbesondere zur Beratung der Bundesregierung oder des zuständigen Bundesministeriums sowie zur Erarbeitung von staatlichen Regeln gebildet worden. In diesen Ausschüssen wirken auch die UV-Träger mit.

Die Regeln der UV-Träger (DGUV Regeln) werden von den bei der Deutschen Gesetzlichen Unfallversicherung (DGUV) eingerichteten Fachbereichen und Sachgebieten nach einem besonderen Verfahren erarbeitet (siehe DGUV Grundsatz 300-001). Aufgrund dieses Verfahrens und ihrer inhaltlichen Ausrichtung auf konkrete betriebliche Abläufe oder Einsatzbereiche sind DGUV Regeln fachliche Empfehlungen zur Gewährleistung von Sicherheit und Gesundheit. Sie sind zwar – anders als Unfallverhütungsvorschriften – grundsätzlich nicht verbindlich, werden aber als fachliche Empfehlungen von den beteiligten Kreisen mehrheitlich für erforderlich gehalten und können deshalb als Maßstab für das betriebliche Präventionshandeln herangezogen werden (Erfüllung von Sorgfaltspflichten)

Unter der Bezeichnung „Branchenregeln“ werden seit ein paar Jahren seitens der DGUV eine besondere Form von DGUV Regeln im Zusammenwirken mit den Fachbereichen und Sachgebieten herausgebracht. Kernfunktion der Branchenregeln ist es, die insbesondere in staatlichen Regeln konkretisierten Anforderungen des betrieblichen Arbeitsschutzes für die Betriebe einer bestimmten Unternehmenssparte in Form eines tätigkeits-, arbeitsplatz- oder arbeitsverfahrenbezogenen Gesamtkompendiums aufzubereiten. Dabei können auch Aspekte der Arbeitshygiene und der Gesundheitsförderung sowie Erkenntnisse aus dem Erfahrungswissen der Unfallversicherungsträger einbezogen werden.

Weisungen

Nach Absatz 4 darf der Unternehmer keine sicherheitswidrigen Weisungen erteilen. In § 15 ist die Pflicht des Versicherten geregelt, keine sicherheitswidrigen Weisungen zu befolgen.

§ 3 – Beurteilung der Arbeitsbedingungen, Dokumentation, Auskunftspflichten

(1) Der Unternehmer hat durch eine Beurteilung der für die Versicherten mit ihrer Arbeit verbundenen Gefährdungen entsprechend § 5 Absatz 2 und 3 Arbeitsschutzgesetz zu ermitteln, welche Maßnahmen nach § 2 Absatz 1 erforderlich sind.

(2) Der Unternehmer hat Gefährdungsbeurteilungen insbesondere dann zu überprüfen, wenn sich die betrieblichen Gegebenheiten hinsichtlich Sicherheit und Gesundheitsschutz verändert haben.

(3) Der Unternehmer hat entsprechend § 6 Absatz 1 Arbeitsschutzgesetz das Ergebnis der Gefährdungsbeurteilung nach Absatz 1, die von ihm festgelegten Maßnahmen und das Ergebnis ihrer Überprüfung zu dokumentieren.

(4) Der Unternehmer hat dem Unfallversicherungsträger alle Informationen über die im Betrieb getroffenen Maßnahmen des Arbeitsschutzes auf Wunsch zur Kenntnis zu geben.

(5) Für Personen, die in Unternehmen zur Hilfe bei Unglücksfällen oder im Zivilschutz unentgeltlich tätig werden, hat der Unternehmer, der für die vorgenannten Personen zuständig ist, Maßnahmen zu ergreifen, die denen nach Absatz 1 bis 4 gleichwertig sind.

Gefährdungsbeurteilung

Der Unternehmer hat nach § 21 Abs. 1 ArbSchG iVm § 2 die Sicherheit und den Gesundheitsschutz der Beschäftigten zu gewährleisten und Verbesserungen anzustreben. Der erste wichtige Schritt hierbei ist die **Gefährdungsbeurteilung.** § 3 korrespondiert dabei mit §§ 5 und 6 ArbSchG. Sie legt die Pflichten des Unternehmers zur systematischen Ermittlung und Beurteilung der denkbaren Gefährdungen der Versicherten am Arbeitsplatz fest (Prozess). Sie hat zum Ziel festzustellen, welche Maßnahmen zur Sicherheit und Gesundheit der Versicherten geeignet und erforderlich sind. Die Gefährdungsbeurteilung ist damit das zentrale Element im betrieblichen Arbeitsschutz.

Eine Gefährdungsbeurteilung besteht im Wesentlichen aus sieben Bausteinen:

1. Ermittlung der Gefährdungen sowie der psychischen und physischen Belastungen,
2. Beurteilung der Risiken,
3. Festlegung von Maßnahmen gemäß Arbeitsschutzgesetz,
4. Durchführung der Maßnahmen,
5. Überprüfung der Wirksamkeit,
6. Dokumentation,
7. Fortschreibung, ggf. Anpassung.

Eine Übersicht möglicher Gefährdungsfaktoren enthält die DGUV Regel 100-001 „Grundsätze der Prävention“. Sonderregelungen zur Gefährdungsbeurteilung finden sich z.B. in der ArbMedVV, ArbStättV, BetrSichV, GefahrstoffV.

Wirksamkeitskontrolle

Wirksamkeitsüberprüfungen nach § 3 Abs. 1 S. 2 ArbSchG sind ein wichtiges und verpflichtendes Instrument der betrieblichen Selbstkontrolle. Ziel ist die Klärung der Frage, ob sich die im Rahmen der Gefährdungsbeurteilung getroffenen Maßnahmen für Sicherheit und Gesundheit in der vorgesehenen Weise als geeignet zur Realisierung der festgelegten Schutzziele erwiesen haben. Unter Berücksichtigung des in § 3 Abs. 1 S. 1 ArbSchG durch die Formulierung „unter Berücksichtigung der Umstände“ zum Ausdruck kommenden kontinuierlichen Verbesserungsprozesses kommen regelmäßige und anlassbezogenen (z.B. aufgrund des Unfall- oder Erkrankungsgeschehens) Wirksamkeitsüberprüfungen in Betracht. Die Häufigkeit der regelmäßigen Überprüfungen ist dabei nach dem Verhältnismäßigkeitsgrundsatz zu bestimmen: Je größer die Gefährdung der Versicherten ist, desto häufiger sind Überprüfungen durchzuführen.

Anpassungs- und Optimierungsmaßnahmen

Die Pflicht des Unternehmers, die Maßnahmen ggf. an sich verändernde Gegebenheiten entsprechend § 3 Abs. 1 S. 2 und 3 ArbSchG anzupassen, wird konkretisiert durch das Ziel, dadurch eine Verbesserung von Sicherheit und Gesundheitsschutz anzustreben. Anlässe können entsprechend § 4 ArbSchG Fortschritte im Bereich des Stands der Technik, der Arbeitsmedizin oder sonstigen gesicherten arbeitswissenschaftlichen Erkenntnisse oder Änderungen der Belastungsfähigkeit von Versicherten sein. Ausweislich des Wortlautes der Bestimmungen sind die Maßnahmen lediglich „erforderlichenfalls“ an sich ändernde Gegebenheiten anzupassen.

Planungs- und Durchführungspflicht

Zweck der Planungs- und Durchführungspflicht nach § 3 Abs. 2 ArbSchG ist, die tatsächliche Realisierung des kontinuierlichen Verbesserungsprozesses sicherzustellen. Der Begriff der Planung steht dabei für eine vorausschauende, auf Ziele und Maßnahmen mit Blick auf die betrieblichen Verhältnisse abgestimmte Vorgehensweise. Mit der Durchführungspflicht wird hervorgehoben, dass entsprechend geplante Maßnahmen auch zu realisieren sind.

Allgemeine und spezielle Organisationspflichten

§ 3 Abs. 2 Nr. 1 ArbSchG verpflichtet den Unternehmer, unter Berücksichtigung der Art der Tätigkeit und der Zahl der Versicherten (zur Ausdehnung über die Inbezugnahme staatlichen Rechts) für eine geeignete Organisation zu sorgen. In der Sache beinhaltet die Organisation Festlegungen zur Aufbau- und Ablauforganisation, d.h. z.B. Festlegungen zur Verteilung der Aufgaben auf die betrieblichen Akteure (unter Berücksichtigung u.a. der Vorgaben aus §§ 7, 13), Regelungen zur Ersten Hilfe, zur Unterweisung, zur Bestellung von Sicherheitsbeauftragten, erforderliche Mittel bereitzustellen etc. Der Unternehmer ist bei der konkreten Ausgestaltung der Organisation weitgehend frei. Diese allgemeinen Organisationspflichten werden entsprechend § 3 Abs. 2 Nr. 2 ArbSchG durch spezielle Organisationspflichten ergänzt. Diese zielen darauf ab, Sicherheit und Gesundheitsschutz der Versicherten umfassend in die Strukturen und Prozesse in Betrieb und Unternehmen einzubinden. (s. § 3 Abs. 2 ArbSchG). Hierzu gehört auch die Pflicht des Unternehmers, Vorkehrungen zu treffen, damit die Versicherten ihren in §§ 15 ff. normierten Mitwirkungspflichten nachkommen können.

Die DGUV sowie die UV-Träger haben eine Vielzahl von Handlungshilfen zur Gefährdungsbeurteilung – auch unter Berücksichtigung psychischer Faktoren – erarbeitet, insbesondere auch für kleine und mittlere Unternehmen (mit Checklisten, Musterfragebögen, Praxisbeispielen etc.). Hinzu kommen zahlreiche Veranstaltungen, Beratungs- und Qualifizierungsangebote. www.dguv.de/publikationen; www.dguv.de/iag; www.gda-psyche.de; http://psyGA. info; www.gesundheit-und-arbeit.de.

Bei gleichartigen Tätigkeiten oder Arbeitsplätzen, z.B. in Filialunternehmen, genügt es, eine Tätigkeit oder einen Arbeitsplatz musterhaft zu beurteilen. Die Ergebnisse sind dann entsprechend auf die übrigen gleichartigen Arbeitsplätze übertragbar.

■ Überprüfung

Mögliche Anlässe für eine Überprüfung der vorhandenen Gefährdungsbeurteilung ergeben sich z.B. bei Neu- oder Umbau von Betriebsanlagen und Einrichtungen, bei Beschaffung oder Umrüstung technischer Arbeitsmittel, z.B. Werkzeuge, Maschinen, bei Einführung von gesundheitsgefährdenden Arbeitsstoffen, bei Einführung oder wesentlichen Änderungen von Arbeitsverfahren und -abläufen, bei Änderungen der Mitarbeiterstruktur, nach Arbeitsunfällen oder Beinaheunfällen, bei Verdacht auf Berufskrankheiten oder auf arbeitsbedingte Verursachung von Erkrankungen, bei Änderung der Vorschriften. In einer Vielzahl von Fällen wird es nur gelegentlich notwendig, die vorhandene Gefährdungsbeurteilung zu überprüfen. In manchen Bereichen wird hingegen eine regelmäßige Prüfung unumgänglich sein, z.B. im Baugewerbe auf Baustellen. Entsprechend den Ergebnissen der Beurteilung muss ggf. eine Anpassung der Arbeitsschutzmaßnahmen erfolgen.

Dokumentation

Der Unternehmer kann anhand der (verpflichtenden) Dokumentation nicht nur nachweisen, dass er seinen Arbeitsschutzpflichten nachgekommen ist, sondern diese auch zur Prüfung der Wirksamkeit der Maßnahmen sowie im Rahmen der Unterweisung (§ 4) der Versicherten nutzen. Verstöße gegen die Pflicht zur Dokumentation können nach staatlichen Arbeitsschutzvorschriften den Tatbestand einer Ordnungswidrigkeit erfüllen und mit einem Bußgeld geahndet werden. Wer vorsätzlich gegen eine entsprechende staatliche Rechtsverordnung verstößt und dadurch Leben oder Gesundheit eines Versicherten gefährdet, macht sich sogar strafbar.

Gleichwertige Maßnahmen

Für ehrenamtlich tätige Personen, die z.B. in der freiwilligen Feuerwehr, im Rettungsdienst oder im Zivilschutz tätig werden, sieht Absatz 5 Erleichterungen von der an sich nach den Vorgaben des Arbeitsschutzgesetzes durchzuführenden Gefährdungsbeurteilung vor. Die hier zu treffenden Maßnahmen müssen nicht gleich, sondern gleichwertig sein, d.h., die Maßnahmen müssen den Zielen und Grundsätzen der Gefährdungsbeurteilung, deren Dokumentation sowie der Überprüfung der Maßnahmen des Arbeitsschutzes entsprechen. Dies ist z.B. der Fall bei den in Dienstvorschriften sowie in UVVen und Regeln für den Bereich der Freiwilligen Feuerwehren, des THW oder von Rettungsdiensten festgelegten Maßnahmen.

§ 4 – Unterweisung der Versicherten

(1) Der Unternehmer hat die Versicherten über Sicherheit und Gesundheitsschutz bei der Arbeit, insbesondere über die mit ihrer Arbeit verbundenen Gefährdungen und die Maßnahmen zu ihrer Verhütung, entsprechend § 12 Absatz 1 Arbeitsschutzgesetz sowie bei einer Arbeitnehmerüberlassung entsprechend § 12 Absatz 2 Arbeitsschutzgesetz zu unterweisen; die Unterweisung muss erforderlichenfalls wiederholt werden, mindestens aber einmal jährlich erfolgen; sie muss dokumentiert werden.

(2) Der Unternehmer hat den Versicherten die für ihren Arbeitsbereich oder für ihre Tätigkeit relevanten Inhalte der geltenden Unfallverhütungsvorschriften und Regeln der Unfallversicherungsträger sowie des einschlägigen staatlichen Vorschriften- und Regelwerks in verständlicher Weise zu vermitteln.

(3) Der Unternehmer nach § 136 Absatz 3 Nummer 3 Alternative 2 Sozialgesetzbuch Siebtes Buch (SGB VII) hat den Schulhoheitsträger hinsichtlich Unterweisungen für Versicherte nach § 2 Absatz 1 Nummer 8 Buchstabe b SGB VII zu unterstützen.

Damit Versicherte Sicherheits- und Gesundheitsgefährdungen erkennen und entsprechend den vorgesehenen Maßnahmen auch handeln können, müssen sie auf ihre individuelle Arbeits- und Tätigkeitssituation zugeschnittene Informationen, Erläuterungen und Anweisungen bekommen. Die Unterweisung ist damit ein tragender Grundsatz des Arbeitsschutzrechts. Von Bedeutung sind die Unterweisungsanlässe, die Unterweisungsinhalte und die Dokumentation der Unterweisung, Im Rahmen der Unterweisung hat der Unternehmer den Versicherten mithin ganz konkret auf den Arbeitsplatz oder die Arbeitsaufgabe ausgerichtete Erläuterung und Anweisung zur sicheren und gesundheitsgerechten Ausführung der Tätigkeiten zu geben. Anlässe für eine Unterweisung sind z.B. die Aufnahme einer Tätigkeit, Veränderungen im Aufgabenbereich, die Einführung neuer Arbeitsmittel, neuer Technologien oder neuer Arbeitsstoffe. Die Unterweisung der Versicherten hat in allen Fällen vor Aufnahme der Tätigkeit zu erfolgen. Ändert sich die Gefährdungssituation und die Arbeitsaufgabe nicht, ist die Unterweisung mindestens jährlich zu wiederholen, ansonsten muss eine zusätzliche, auf den konkreten Unterweisungsanlass bezogene Unterweisung durchgeführt werden. Kürzere Unterweisungsintervalle können sich aus speziellen Arbeitsschutzvorschriften ergeben, z.B. § 29 Jugendarbeitsschutzgesetz, der eine halbjährliche Unterweisung fordert.

§ 12 Absatz 1 Arbeitsschutzgesetz schreibt vor, dass die Unterweisung „während der Arbeitszeit“ zu erfolgen hat, d.h. wenn realistische Arbeitsbedingungen im Unternehmen herrschen. Nur dann können den Versicherten z.B. die Gefahrenstellen, Schutzeinrichtungen, die Funktion von Maschinen oder die möglichen Gefährdungen, die aufgrund ihrer eigenen Handlungen für andere entstehen können, praxisnah und verständlich erläutert werden.

Unterweisungen sind grundsätzlich persönlich und in verständlicher Form und Sprache durchzuführen. Ist eine sprachliche Verständigung nicht ausreichend, sind andere geeignete Kommunikationsmittel, z.B. Skizzen, Fotos, Videos, einzusetzen. Ein reines Aushändigen der Vorschriften oder Regeln reicht nicht aus. Der Unternehmer hat sich zu vergewissern, dass die Versicherten die Inhalte verstanden haben, z.B. durch das Stellen von Verständnisfragen oder durch Vorführenlassen des Hand-

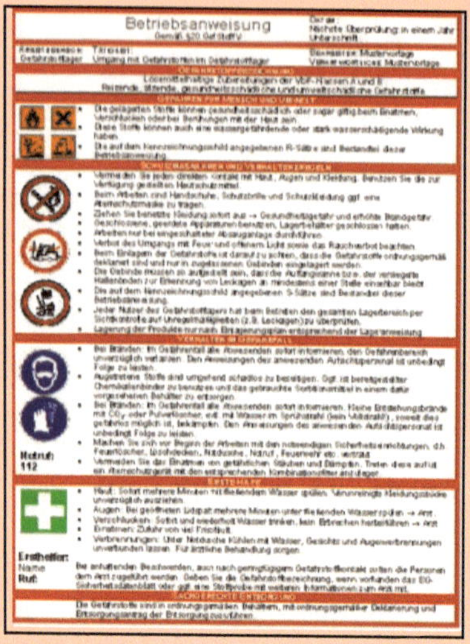
Betriebsanweisung

lungsablaufes. Als Hilfsmittel können elektronische Medien eingesetzt werden, sofern die Unterweisungsinhalte arbeitsplatzspezifisch aufbereitet werden, eine Verständnisprüfung stattfindet und ein Gespräch zwischen Versicherten und Unterweisenden jederzeit möglich ist. Eine besondere Form der Unterweisung ist in § 31 für die dort genannten speziellen persönlichen Schutzausrüstungen vorgesehen.

Wie bei der Gefährdungsbeurteilung kann der Unternehmer auch bei der (ebenfalls verpflichtenden) Dokumentation der Unterweisung den entsprechenden Nachweis führen, dass und wie er seinen Verpflichtungen nachgekommen ist. Ein Muster zur (Dokumentation der) Unterweisung findet sich in der DGUV Regel 100-001 „Grundsätze der Prävention“.

Bei einer Arbeitnehmerüberlassung trifft den Entleiher die Pflicht zur Unterweisung. Er hat die Unterweisung unter Berücksichtigung der Qualifikation und der Erfahrung der Personen, die ihm zur Arbeitsleistung überlassen werden, vorzunehmen. Die sonstigen Arbeitsschutzpflichten des Verleihers bleiben unberührt. Der Verleiher ist hier in seiner Eigenschaft als Unternehmer angesprochen.

Nach Absatz 3 ist der Schulhoheitsträger (innerer Schulbereich) hinsichtlich Unterweisungen von Schülern an allgemein- oder berufsbildenden Schulen durch den Sachkostenträger (äußerer Schulbereich) zu unterstützen.

§ 5 – Vergabe von Aufträgen

(1) Erteilt der Unternehmer den Auftrag,

1. Einrichtungen zu planen, herzustellen, zu ändern oder in Stand zu setzen,

2. Arbeitsverfahren zu planen oder zu gestalten,

so hat er dem Auftragnehmer schriftlich aufzugeben, die in § 2 Absatz 1 und 2 genannten, für die Durchführung des Auftrags maßgeblichen Vorgaben zu beachten.

(2) Erteilt der Unternehmer den Auftrag, Arbeitsmittel, Ausrüstungen oder Arbeitsstoffe zu liefern, so hat er dem Auftragnehmer schriftlich aufzugeben, im Rahmen seines Auftrags die für Sicherheit und Gesundheitsschutz einschlägigen Anforderungen einzuhalten.

(3) Bei der Erteilung von Aufträgen an ein Fremdunternehmen hat der den Auftrag erteilende Unternehmer den Fremdunternehmer bei der Gefährdungsbeurteilung bezüglich der betriebsspezifischen Gefahren zu unterstützen. Der Unternehmer hat ferner sicherzustellen, dass Tätigkeiten mit besonderen Gefahren durch Aufsichtführende überwacht werden, die die Durchführung der festgelegten Schutzmaßnahmen sicherstellen. Der Unternehmer hat ferner mit dem Fremdunternehmen Einvernehmen herzustellen, wer den Aufsichtführenden zu stellen hat.

Grundsätzlich trägt jeder Unternehmer selbst die Verantwortung für die Sicherheit und Gesundheit seiner Mitarbeiter. Diese Verantwortung bleibt aber auch dann bestehen, wenn die Mitarbeiter im räumlichen Bereich eines Auftraggebers tätig werden. Allerdings kann sich der Auftraggeber nach erfolgter Vertragsunterzeichnung und damit einhergehender Verlagerung der im Vertrag beschriebenen Aufgaben vom Auftraggeber auf den Auftragnehmer nicht gänzlich aus der Verantwortung nehmen, sondern trägt in der Schnittstelle zum Auftragnehmer gegenüber den Mitarbeitern des Auftragnehmers ebenfalls eine gewisse Verantwortung.

Bei einer Auftragserteilung muss der Unternehmer sicherstellen, dass vom Auftragnehmer neben dem Stand der Technik auch die Vorschriften und Regelwerke der UV-Träger und des Staates beachtet werden, die für den Auftraggeber gelten. Die Verpflichtung zur Einhaltung dieser Vorgaben bedarf immer der Schriftform.

Einrichtungen und Arbeitsverfahren

Bereits bei der Planung von Einrichtungen oder Arbeitsverfahren sind die Vorgaben des Arbeitsschutzes zu berücksichtigen. Versäumnisse hierbei können im späteren Betrieb oft nur mit großem Aufwand behoben werden. Zur Definition der Begriffe „Einrichtungen“ und „Arbeitsverfahren“ siehe Glossar im Anhang.

Absatz 2 soll gewährleisten, dass Sicherheit und Gesundheit der Versicherten durch neu bereitgestellte Arbeitsmittel, Ausrüstungen und Arbeitsstoffe möglichst nicht gefährdet werden. Anforderungen ergeben sich insbesondere aus dem Produktsicherheitsgesetz, der Gefahrstoffverordnung sowie der Betriebssicherheitsverordnung. In den Vertrag ist auch aufzunehmen, dass die zu liefernden Produkte diesen Arbeitsschutzanforderungen entsprechen müssen. Es empfiehlt sich, die maßgeblichen Anforderungen in Zweifelsfällen vor Auftragserteilung mit dem zuständigen UV-Träger sowie mit der Arbeitsschutzbehörde abzuklären.

■ Fremdunternehmen

Durch Absatz 3 soll der Arbeitsschutz auch für die Fälle sichergestellt werden, in denen ein Fremdunternehmer im Betrieb des Auftraggebers tätig wird. Zur Definition des Begriffs „Fremdunternehmen“ siehe Glossar im Anhang. Verfügt der Unternehmer nicht selbst über die notwendige Fachkunde, um das Fremdunternehmen zu informieren, kann er sich z.B. durch Fachkräfte für Arbeitssicherheit oder Betriebsärzte unterstützen lassen.

■ Betriebsspezifische Gefahren

Betriebsspezifische Gefahren können sich insbesondere aus den im Betrieb durchgeführten Arbeiten, den verwendeten Stoffen sowie den vorhandenen Maschinen und Einrichtungen ergeben.

■ Besondere Gefahr

Die Größe einer Gefahr wird im Allgemeinen durch die Schwere des möglichen Schadens und seine Eintrittswahrscheinlichkeit bestimmt. Zum Begriff „besondere Gefahr“ siehe Glossar im Anhang. Hierunter können z.B. Arbeiten mit krebserzeugenden oder erbgutverändernden oder solchen Stoffen fallen, die bei Berührung miteinander giftige Gase oder Dämpfe entwickeln können.

Aufsichtführender

Der Begriff „Aufsichtführender" entspricht der „Aufsichtführenden Person" (siehe im Glossar im Anhang, nicht zu verwechseln mit der „Aufsichtsperson"). Als Aufsichtführender darf nur bestellt werden, wer ausreichende Kenntnisse und Erfahrung für den jeweiligen Aufgabenbereich hat, also z.B. Kenntnisse über die Arbeitsmethoden, mögliche Gefahren, anzuwendende Schutzmaßnahmen sowie die einschlägigen Vorschriften und Regeln. Die Überwachung durch den Aufsichtführenden setzt in der Regel dessen Anwesenheit vor Ort sowie Weisungsbefugnis voraus.

§ 6 – Zusammenarbeit mehrerer Unternehmer

(1) Werden Beschäftigte mehrerer Unternehmer oder selbstständige Einzelunternehmer an einem Arbeitsplatz tätig, haben die Unternehmer hinsichtlich der Sicherheit und des Gesundheitsschutzes der Beschäftigten, insbesondere hinsichtlich der Maßnahmen nach § 2 Absatz 1, entsprechend § 8 Absatz 1 Arbeitsschutzgesetz zusammenzuarbeiten. Insbesondere haben sie, soweit es zur Vermeidung einer möglichen gegenseitigen Gefährdung erforderlich ist, eine Person zu bestimmen, die die Arbeiten aufeinander abstimmt; zur Abwehr besonderer Gefahren ist sie mit entsprechender Weisungsbefugnis auszustatten.

(2) Der Unternehmer hat sich je nach Art der Tätigkeit zu vergewissern, dass Personen, die in seinem Betrieb tätig werden, hinsichtlich der Gefahren für ihre Sicherheit und Gesundheit während ihrer Tätigkeit in seinem Betrieb angemessene Anweisungen erhalten haben.

Werden auf einer Arbeitsstätte Beschäftigte von mehr als einem Unternehmer zeitlich und örtlich gemeinsam tätig, können sich besondere Gefahren für die Beschäftigten ergeben. Die Gefährdungen können zum einen wechselseitig durch die Beschäftigten selbst, vor allem aber durch die Arbeitsstätte und die vorhandenen Einrichtungen entstehen, z.B. bei Montage- und Reparaturarbeiten unter Entfernung von Abdeckungen und Absturzsicherungen oder in Bereichen mit Brand- und Explosionsgefährdung, Arbeiten übereinander ohne Schutzdach etc. In diesem Fall sind alle Unternehmer insbesondere verpflichtet, ihre Arbeiten und die erforderlichen Maßnahmen des Arbeitsschutzes aufeinander abzustimmen und gemeinsam für die Sicherheit ihrer jeweiligen Beschäftigten zu sorgen. Die Person, welche die Arbeiten bei einer möglichen gegenseitigen Gefährdung der Beschäftigten aufeinander abstimmt, muss für die Wahrnehmung der Aufgabe geeignet sein und die erforderliche Fachkunde besitzen. Bei besonderen Gefahren muss diese über Weisungsbefugnis verfügen. Zum Begriff „besondere Gefahr" siehe Glossar im Anhang. Die Auswahl dieser Person ist zwischen den Unternehmern abzustimmen. Dies sollte zweckmäßigerweise ein Betriebsleiter, Polier, Vorarbeiter oder anderer Vorgesetzter der beteiligten Unternehmen sein.

In Absatz 2 ist die weitere Pflicht aufgenommen, dass sich der Unternehmer entsprechend der Gefährlichkeit der in seinem eigenen Betrieb anfallenden Tätigkeiten vergewissern muss, dass auch die Beschäftigten der anderen Unternehmer, die in seinem Betrieb tätig werden, in geeigneter Weise angewiesen worden sind. Von dieser Regelung wird insbesondere der Einsatz von Fremdfirmen für Reinigungs- und Reparaturarbeiten erfasst.

§ 7 – Befähigung für Tätigkeiten

(1) Bei der Übertragung von Aufgaben auf Versicherte hat der Unternehmer je nach Art der Tätigkeiten zu berücksichtigen, ob die Versicherten befähigt sind, die für die Sicherheit und den Gesundheitsschutz bei der Aufgabenerfüllung zu beachtenden Bestimmungen und Maßnahmen einzuhalten. Der Unternehmer hat die für bestimmte Tätigkeiten festgelegten Qualifizierungsanforderungen zu berücksichtigen.

(2) Der Unternehmer darf Versicherte, die erkennbar nicht in der Lage sind, eine Arbeit ohne Gefahr für sich oder andere auszuführen, mit dieser Arbeit nicht beschäftigen.

Befähigung

§ 7 Abs. 1 S. 1 korrespondiert mit der in § 7 ArbSchG geregelten Übertragung von Aufgaben. § 7 erfordert eine Einzelfallbetrachtung, die von den Anforderungen des jeweiligen Arbeitsplatzes abhängt und den Unternehmer verpflichtet, die persönlichen Befähigungen der Personen mit zu berücksichtigen, die er mit bestimmten Tätigkeiten betrauen will. In Abhängigkeit von der jeweiligen Gefährdungssituation sind bestimmte Anforderungen an Personen zu stellen, so neben körperlicher Eignung vor allem auch die Fähigkeit, Gefährdungen für sich und andere zu erkennen und angemessen damit umzugehen. Die Verpflichtung nach § 7 bildet eine nachrangige Schutzmaßnahme, die entsprechend des in § 4 Nr. 5 ArbSchG geregelten Rangfolgeprinzips der Schutzmaßnahmen (TOP-Prinzip) nur dann in Betracht kommt, wenn der Schutz der Versicherten neben technischen und organisatorischen Maßnahmen (z.B. Unterweisung nach § 4) gewährleistet werden kann. Die Verpflichtung des Unternehmers aus § 7 korrespondiert mit der Pflicht der Versicherten zur Eigen- und Fremdvorsorge aus § 15. Ein unfähiger Versicherter gefährdet nicht nur sich selbst, sondern auch andere Versicherte. Der Aspekt der Fremdvorsorge kommt insbesondere in Abs. 2 zum Ausdruck.

Unter den Aspekt der Befähigung fallen z.B. die Hör- und Sehfähigkeit, die körperliche und psychische Belastbarkeit, die Auffassungsgabe, das technische Verständnis, das Reaktionsvermögen und die Ausbildungsqualifikation. In diesem Zusammenhang sind auch die bestimmte Versichertengruppen besonders schützenden Vorschriften, z.B. Jugendarbeitsschutzgesetz und Mutterschutzgesetz, zu beachten.

Die Befähigung ist bei der erstmaligen Übertragung von Aufgaben auf Versicherte oder bei Veränderungen in deren Aufgabenbereich sowie stets dann zu prüfen, wenn Zweifel an der Befähigung der Versicherten bestehen, z.B. bei sich wiederholenden Arbeitsunfällen, arbeitsplatzrelevanten Krankheiten oder bei konkreten Hinweisen auf Missbrauch von Alkohol oder Drogen. Je größer die Gefährdung durch die Tätigkeiten der Versicherten für diese selbst oder für Dritte ist, umso höher sind die Anforderungen an die Befähigung und deren Prüfung durch den Unternehmer. Dieser kann sich bei der Beurteilung der Befähigung z.B. vom Betriebsarzt und von der Fachkraft für Arbeitssicherheit beraten lassen. Für besondere Gefahrensituationen sehen § 21 der DGUV Vorschrift 1 sowie § 9 Arbeitsschutzgesetz spezielle Unternehmerpflichten vor.

Hinweise zum Umgang mit dem Thema Eignungsuntersuchungen enthält die DGUV Information 250-010 „Eignungsuntersuchungen in der betrieblichen Praxis“.

Nicht vorhandene Befähigung

Sofern konkrete Anhaltspunkte dafür vorliegen, dass ein Versicherter nicht in der Lage ist, die ihm zugewiesenen Tätigkeiten zu erbringen, ohne sich selbst oder andere zu gefährden, so besteht ein Beschäftigungsverbot für diese Tätigkeiten. Körperliche und klinische Untersuchungen zur Beurteilung der Befähigung des Versicherten sind aufgrund der verfassungsrechtlich garantierten Achtung und des Schutzes der Würde und der Freiheit des Menschen sowie des Rechts auf Leben und körperliche Unversehrtheit nur mit Einwilligung der betroffenen Person zulässig. Eine Duldungspflicht für körperliche und klinische Untersuchungen besteht nicht. Unabhängig davon reicht die auf Beobachtungen der Versicherten oder Hinweise gestützte subjektive Einschätzung des Vorgesetzten für das Aussprechen eines Beschäftigungsverbots aus. Eine mangelnde Befähigung ist z.B. in den Fällen des § 15 Absatz 2 und 3 gegeben (s.u.).

§ 8 – Gefährliche Arbeiten

(1) Wenn eine gefährliche Arbeit von mehreren Personen gemeinschaftlich ausgeführt wird und sie zur Vermeidung von Gefahren eine gegenseitige Verständigung erfordert, hat der Unternehmer dafür zu sorgen, dass eine zuverlässige, mit der Arbeit vertraute Person die Aufsicht führt.

(2) Wird eine gefährliche Arbeit von einer Person allein ausgeführt, so hat der Unternehmer über die allgemeinen Schutzmaßnahmen hinaus für geeignete technische oder organisatorische Personenschutzmaßnahmen zu sorgen.

Zum Begriff „Gefährliche Arbeiten“ siehe Glossar im Anhang. In Betracht kommen z.B. Arbeiten mit Absturzgefahr, Feuerarbeiten in brand- oder explosionsgefährdeten Bereichen, Dichtigkeitsprüfungen an Behältern, Sprengarbeiten, Fällen von Bäumen, Umgang mit besonders gefährlichen Stoffen.

Aufsichtführende Person

Aufsichtführende Person ist eine zuverlässige, mit der Arbeit vertraute und auch weisungsbefugte Person. Diese beaufsichtigt und überwacht die arbeitssichere Durchführung der gefährlichen Arbeiten. Bei der Auswahl der Personen ist darauf zu achten, dass diese zuverlässig gem. § 7 und mit genau dieser (gefährlichen) Arbeit vertraut ist. Hierfür muss sie ausreichende fachliche Kenntnisse besitzen. So gelten z.B. für den Einsatz bei der Feuerwehr die Voraussetzungen in der Person des Führers der jeweiligen taktischen Einheit in der Regel als erfüllt. In diesem Rahmen sind die Bestimmungen zur Unterweisung (§ 4) zu beachten. Eine von der Intention her ähnliche Funktion findet sich in Form des Sicherheitskoordinators nach § 3 BaustellV.

Alleinarbeit

Ausnahmsweise kann es notwendig sein, eine Person allein mit einer gefährlichen Arbeit zu beauftragen. Hierbei hat der Unternehmer in Abhängigkeit von der Gefährdung geeignete technische oder organisatorische Maßnahmen zur Überwachung zu treffen. Hierzu gehören z.B. die Verwendung von Personen-Notsignal-Anlagen (siehe DGUV Regel 112-139 „Einsatz von Personen-Notsignal-Anlagen“), Kontrollgänge einer zweiten Person, zeitlich abgestimmte Telefon-/Funkmeldesysteme oder ständige Kameraüberwachung.

§ 9 – Zutritts- und Aufenthaltsverbote

Der Unternehmer hat dafür zu sorgen, dass Unbefugte Betriebsteile nicht betreten, wenn dadurch eine Gefahr für Sicherheit und Gesundheit entsteht.

Aus den Eigenarten der Arbeiten kann sich für die Versicherten eine zusätzliche Gefahr ergeben, wenn unbefugte Personen, z.B. Betriebsfremde, sich im Arbeitsbereich der dort Beschäftigten aufhalten. Zutritts- und Aufenthaltsverbote können betrieblich in jeder Weise geregelt werden, die der Gefährdung und den praktischen Bedürfnissen angemessen sind. Die Regelung kann vom Anbringen von Verbotsschildern bis zur Bewachung reichen. Ob Gefahren durch unbefugte Personen entstehen können und damit ein solches Verbot erforderlich ist, ist vom Unternehmer im Rahmen der Gefährdungsbeurteilung zu prüfen.

Anforderungen an die Verkehrssicherungspflicht werden durch die Vorschrift nicht berührt.

§ 10 – Besichtigung des Unternehmens; Erlass einer Anordnung, Auskunftspflicht

(1) Der Unternehmer hat den Aufsichtspersonen des Unfallversicherungsträgers die Besichtigung seines Unternehmens zu ermöglichen und sie auf ihr Verlangen zu begleiten oder durch einen geeigneten Vertreter begleiten zu lassen.

(2) Erlässt die Aufsichtsperson des Unfallversicherungsträgers eine Anordnung und setzt sie hierbei eine Frist, innerhalb der die verlangten Maßnahmen zu treffen sind, so hat der Unternehmer nach Ablauf der Frist unverzüglich mitzuteilen, ob er die verlangten Maßnahmen getroffen hat.

(3) Der Unternehmer hat den Aufsichtspersonen des Unfallversicherungsträgers auf Verlangen die zur Durchführung ihrer Überwachungsaufgabe erforderlichen Auskünfte zu erteilen. Er hat die Aufsichtspersonen zu unterstützen, soweit dies zur Erfüllung ihrer Aufgaben erforderlich ist.

Bei der Erfüllung des gesetzlichen Präventionsauftrages nehmen bei den UV-Trägern die Aufsichtspersonen eine zentrale Stellung ein. Sie stellen auf Grund ihrer Funktion das Bindeglied dar zwischen UV-Träger, den Unternehmen und den dort Beschäftigten (Versicherten). Die Aufsichtsperson steht dem Unternehmer als moderner Dienstleister mit fachlicher, methodischer und sozialer Kompetenz zur Verfügung. Dabei verfolgen die UV-Träger seit langem einen nicht mehr nur sicherheitstechnischen, sondern einen umfassenden Präventionsansatz, der auf den Schutz der Arbeitnehmer vor allen arbeitsbedingten Gesundheitsgefahren abzielt. Er beinhaltet eine vertiefende Beratung und gezielte Unterstützung des Unternehmers. Dazu gehören seine Motivation und Sensibilisierung zu Fragen des Arbeitsschutzes ebenso wie beispielsweise die Hilfestellung bei der Ermittlung von Gefährdungspotenzialen oder der Durchführung von Arbeitsplatz- und Belastungsanalysen, um arbeitsbedingte Gesundheitsgefahren bereits im Vorfeld erkennen und ihnen zielgerecht begegnen zu können.

Das Recht zur Besichtigung durch die Aufsichtsperson sowie die Pflicht des Unternehmers oder seines Beauftragten, an solchen Begehungen teilzunehmen, ergibt sich auch aus § 19 SGB VII. Die Unterstützungspflicht des Unternehmers erstreckt sich z.B. auf die Untersuchung von Arbeitsunfällen, Ermittlungen beim Vorliegen von Anzeigen einer Berufskrankheit oder die Abwendung arbeitsbedingter Gesundheitsgefahren. Eigentümer und Besitzer von Grundstücken, auf denen der Unternehmer tätig ist, haben das Betreten der Grundstücke zu gestatten.

In Absatz 2 wurde entsprechend § 19 SGB VII festgelegt, dass die Aufsichtspersonen und nicht die UV-Träger Anordnungen erlassen.

Auskünfte nach Absatz 3, deren Beantwortung den Unternehmer selbst oder einen seiner Angehörigen der Gefahr der Verfolgung wegen einer Straftat oder Ordnungswidrigkeit aussetzen würde, können verweigert werden (§ 19 Absatz 3 Satz 2 SGB VII).

§ 11 – Maßnahmen bei Mängeln

Tritt bei einem Arbeitsmittel, einer Einrichtung, einem Arbeitsverfahren bzw. Arbeitsablauf ein Mangel auf, durch den für die Versicherten sonst nicht abzuwendende Gefahren entstehen, hat der Unternehmer das Arbeitsmittel oder die Einrichtung der weiteren Benutzung zu entziehen oder stillzulegen bzw. das Arbeitsverfahren oder den Arbeitsablauf abzubrechen, bis der Mangel behoben ist.

Die Regelung korrespondiert mit § 16, in dem das Verhalten der Versicherten beim Vorliegen von Mängeln geregelt wird.

Zur Definition der Begriffe „Arbeitsmittel“, „Einrichtungen“, „Arbeitsverfahren“ sowie „Arbeitsablauf“ siehe Glossar im Anhang. Ein Mangel an einer Einrichtung oder einem Arbeitsmittel liegt vor, wenn z.B. Schutzeinrichtungen in ihrer Funktion beeinträchtigt sind. Ein Arbeitsablauf oder ein Arbeitsverfahren weist dann einen Mangel auf, wenn bei einem oder mehreren Arbeitsschritten Gefahren nicht sicher ausgeschlossen werden können, z.B. weil die für bestimmte Arbeiten benötigten speziellen Arbeitsmittel nicht zur Verfügung stehen.

§ 12 – Zugang zu Vorschriften und Regeln

(1) Der Unternehmer hat den Versicherten die für sein Unternehmen geltenden Unfallverhütungsvorschriften und Regeln der Unfallversicherungsträger sowie die einschlägigen staatlichen Vorschriften und Regeln an geeigneter Stelle zugänglich zu machen.

(2) Der Unternehmer hat den mit der Durchführung und Unterstützung von Maßnahmen nach § 2 Absatz 1 betrauten Personen die nach dem Ergebnis der Gefährdungsbeurteilung (§ 3 Absatz 1 und 2) für ihren Zuständigkeitsbereich geltenden Vorschriften und Regeln zur Verfügung zu stellen.

Absatz 1 ist im Zuge der Erarbeitung der DGUV Vorschrift 1 dahingehend ergänzt worden, dass der Unternehmer den Versicherten über die UVVen hinaus auch die Regeln der UV-Träger sowie die einschlägigen staatlichen Vorschriften und Regeln zugänglich machen muss. Dies kann in

Papierform oder in elektronischer Form, z.B. über PC, Internet, Intranet, CD-ROM, geschehen. Bei Minderjährigen ist den Erziehungsberechtigten Zugang zu den maßgeblichen Vorschriften und Regeln zu gewähren.

Mit der Durchführung von Maßnahmen des Arbeitsschutzes nach Absatz 2 betraute Personen sind z.B. die nach § 13 beauftragte Personen, z.B. Sicherheitsbeauftragte. Dieser Personenkreis nimmt vor Ort wichtige Aufgaben des Arbeitsschutzes wahr und bedarf deshalb der besonderen Unterstützung durch den Unternehmer. Der Unternehmer hat daher diesen Personen die für ihren Aufgabenbereich einschlägigen Vorschriften und Regeln nicht nur „zugänglich zu machen“ sondern „zur Verfügung zu stellen“. Dies bedeutet, dass der Unternehmer die Vorschriften und Regeln diesem Personenkreis aushändigen oder in anderer geeigneter Weise an die Hand geben muss.

§ 13 – Pflichtenübertragung

Der Unternehmer kann zuverlässige und fachkundige Personen schriftlich damit beauftragen, ihm nach Unfallverhütungsvorschriften obliegende Aufgaben in eigener Verantwortung wahrzunehmen. Die Beauftragung muss den Verantwortungsbereich und Befugnisse festlegen und ist vom Beauftragten zu unterzeichnen. Eine Ausfertigung der Beauftragung ist ihm auszuhändigen.

Für die Einhaltung der Arbeitsschutzbestimmungen ist der Unternehmer verantwortlich. Er hat grundsätzlich die ihm obliegenden Pflichten selbst zu erfüllen. Dies kann sich gerade in größeren Betrieben in der Praxis schwierig gestalten, wenn nicht sogar unmöglich werden. Die in § 13 vorgesehene Möglichkeit („kann“), Unternehmerpflichten auf andere Personen zu übertragen, ist ein Instrument des Unternehmers zur Organisation des Arbeitsschutzes. Durch die Pflichtenübertragung übernimmt die beauftragte Person im festgelegten Umfang die Pflichten des Unternehmers zur Verhütung von Arbeitsunfällen, Berufskrankheiten und arbeitsbedingten Gesundheitsgefahren. Insoweit ist die beauftragte Person selbst für die Durchführung der erforderlichen Arbeitsschutzmaßnahmen verantwortlich und kann somit auch Adressat ordnungsbehördlicher Verfügungen sein. Allerdings wird der Unternehmer durch die Pflichtenübertragung nicht von allen Pflichten befreit. Er bleibt verantwortlich für die Aufsicht und Kontrolle und hat zumindest stichprobenartig zu prüfen oder prüfen zu lassen, ob die übertragenen unternehmerischen Pflichten auch tatsächlich umgesetzt werden.

Die Personen, denen der Unternehmer die Aufgaben übertragen will, müssen zuverlässig und fachkundig sein; dies hat der Unternehmer vor der Beauftragung zu prüfen (Auswahlpflicht). Mindestens sind hier die Anforderungen an die Befähigung nach § 7 zugrunde zu legen. Es muss zu erwarten sein, dass die in Betracht kommenden Personen die Aufgaben des Arbeitsschutzes mit der gebotenen Sorgfalt ausführen. Fachkundig sind Personen, die das einschlägige Fachwissen und die praktische Erfahrung aufweisen, um die ihnen obliegenden Aufgaben sachgerecht auszuführen. Die Prüfung kann anhand der Ausbildung, Zeugnisse, Beurteilungen und praktischen Arbeitserfahrung der Personen vorgenommen werden.

Die vorgesehene Schriftform der Pflichtenübertragung dient der rechtlichen Absicherung des Unternehmers und der beauftragten Personen vor einer möglichen ordnungsbehördlichen Inanspruchnahme nach den Regelungen des Arbeitsschutz- und Ordnungswidrigkeitenrechts. Die übertragenen Pflichten müssen dabei hinreichend genau nach Art und Umfang umschrieben sein. Zudem müssen klar und eindeutig die notwendigen Handlungs- und Entscheidungskompetenzen sowie Weisungsbefugnisse festgelegt werden, damit der mit der Pflichtenübertragung verbundenen eigenverantwortlichen Wahrnehmung der Aufgaben auch nachgekommen werden kann. Zudem sind die Schnittstellen zu benachbarten Verantwortungsbereichen und die Zusammenarbeit mit anderen Verpflichteten eindeutig festzulegen.

Die Beauftragung muss vom Beauftragten unterzeichnet werden.

Ein geeignetes Muster zur Pflichtenübertragung enthält der GDA-ORGACheck.

Unterweisungspflicht

Die Pflicht zur Unterweisung ergibt sich in der Konsequenz aus § 13 S. 2, wonach die Verantwortung des Beauftragten auf die ihm übertragenen Aufgaben und Befugnisse beschränkt ist. Der Unternehmer muss dem Beauftragten daher genau mitteilen, worin seine Aufgabe besteht, welche Pflichten ihn insoweit treffen und welche Kompetenzen ihm eingeräumt sind. Zudem sind die benötigten Informationen über die einzuhaltenden Vorschriften, betriebliche Gegebenheiten usw. bereitzuhalten. Zu den Pflichten des Unternehmers gehört auch eine ausdrückliche und unmissverständliche Belehrung darüber, dass der Beauftragte selbst für die Einhaltung der übertragenen Pflichten verantwortlich ist und im Verletzungsfall mit Sanktionen zu rechnen hat. Die Unterweisung ist bei Bedarf, z.B. bei Änderung der Rechtslage oder der betrieblichen Gegebenheiten, zu wiederholen.

§ 14 – Ausnahmen

(1) Der Unternehmer kann bei dem Unfallversicherungsträger im Einzelfall Ausnahmen von Unfallverhütungsvorschriften schriftlich beantragen. Dem Antrag ist eine Stellungnahme der betrieblichen Arbeitnehmervertretung beizufügen; im Falle eines Antrages durch eine Kindertageseinrichtung, eine allgemein bildende oder berufsbildende Schule oder eine Hochschule ist zusätzlich der Leitung der Einrichtung Gelegenheit zur Stellungnahme zu geben.

(2) Der Unfallversicherungsträger kann dem Antrag nach Absatz 1 entsprechen, wenn

1. der Unternehmer eine andere, ebenso wirksame Maßnahme trifft oder
2. die Durchführung der Vorschriften im Einzelfall zu einer unverhältnismäßigen Härte führen würde und die Abweichung mit dem Schutz der Versicherten vereinbar ist.

(3) Betrifft der Antrag nach Absatz 1 Regelungen in Unfallverhütungsvorschriften, die zugleich Gegenstand staatlicher Arbeitsschutzvorschriften sind, hat der Unfallversicherungsträger eine Stellungnahme der für die Durchführung der staatlichen Arbeitsschutzvorschriften zuständigen staatlichen Arbeitsschutzbehörde einzuholen und zu berücksichtigen.

(4) In staatlichen Arbeitsschutzvorschriften enthaltene Verfahrensvorschriften, insbesondere über Genehmigungen, Erlaubnisse, Ausnahmen, Anzeigen und Vorlagepflichten, bleiben von dieser Unfallverhütungsvorschrift unberührt; die nach diesen Bestimmungen zu treffenden behördlichen Maßnahmen obliegen den zuständigen Arbeitsschutzbehörden.

Angesichts der Vielzahl der Branchen und Tätigkeitsbereiche eröffnet § 14 die Möglichkeit, von ihrem eigenen, auf dem SGB VII fußenden autonomen Recht auf Antrag Ausnahmen zuzulassen, um den Belangen der Praxis Rechnung tragen zu können, ohne das gesetzlich normierte Ziel aus § 14 SGB VII aus den Augen zu verlieren. Die besondere Bedeutung der Beteiligung der betrieblichen Arbeitnehmervertretungen (Stellungnahme) bei den im Einzelfall vom Unternehmer schriftlich zu beantragenden Ausnahmen von Unfallverhütungsvorschriften wird in Absatz 1 deutlich hervorgehoben. Nach Absatz 2 ist im Falle eines Antrags durch die dort genannten Einrichtungen zusätzlich der Leitung der Einrichtungen Gelegenheit zur Stellungnahme zu geben.

Betrifft der Ausnahmeantrag ausschließlich Regelungsinhalte aus Unfallverhütungsvorschriften, kann der UV-Träger allein über den Antrag entscheiden. Berührt der Ausnahmeantrag staatliches Arbeitsschutzrecht, hat der UV-Träger vor der Erteilung eines Bescheides die Abstimmung mit der nach jeweiligem Landesrecht für den Vollzug des Arbeitsschutzrechtes zuständigen Behörde vorzunehmen.

© apops – fotolia.com

Drittes Kapitel: Pflichten der Versicherten

§ 15 – Allgemeine Unterstützungspflichten und Verhalten

(1) Die Versicherten sind verpflichtet, nach ihren Möglichkeiten sowie gemäß der Unterweisung und Weisung des Unternehmers für ihre Sicherheit und Gesundheit bei der Arbeit sowie für Sicherheit und Gesundheitsschutz derjenigen zu sorgen, die von ihren Handlungen oder Unterlassungen betroffen sind. Die Versicherten haben die Maßnahmen zur Verhütung von Arbeitsunfällen, Berufskrankheiten und arbeitsbedingten Gesundheitsgefahren sowie für eine wirksame Erste Hilfe zu unterstützen. Versicherte haben die entsprechenden Anweisungen des Unternehmers zu befolgen. Die Versicherten dürfen erkennbar gegen Sicherheit und Gesundheit gerichtete Weisungen nicht befolgen.

(2) Versicherte dürfen sich durch den Konsum von Alkohol, Drogen oder anderen berauschenden Mitteln nicht in einen Zustand versetzen, durch den sie sich selbst oder andere gefährden können.

(3) Absatz 2 gilt auch für die Einnahme von Medikamenten.

Die besten Arbeitsschutzmaßnahmen durch den Unternehmer sind nutzlos, wenn die Versicherten nicht auch selbst im Rahmen der eigenen Möglichkeiten und nach den Weisungen des Unternehmers für Sicherheit und Gesundheit für sich selbst und zum Schutz anderer sorgen und sich sicherheitsgerecht verhalten. Versicherte haben daher alles Notwendige dazu beizutragen, damit die vom Arbeitgeber ergriffenen Maßnahmen des Arbeitsschutzes erfolgreich sind. Mit den grundlegenden Pflichten des Unternehmers korrespondieren daher die Pflichten der Versicherten. Diese haben zunächst nach „ihren Möglichkeiten" zu handeln. Gemeint sind hier zunächst die im Unternehmen zur Verfügung stehenden sächlichen und organisatorischen Mittel, die der Unternehmer nach § 2 zur Verfügung stellen muss. Zum anderen müssen die Versicherten auch befähigt sein, die Bestimmungen (aus staatlichem Recht und Unfallverhütungsvorschriften) und Maßnahmen (z.B. aus Betriebsanweisungen) zu verstehen und tatsächlich anzuwenden.

Die in Absatz 1 genannte Unterweisung entspricht der Unterweisung nach § 4. Die aus dem Direktionsrecht des Unternehmers basierenden Weisungen sind auf die konkrete Tätigkeit bezogene mündliche oder schriftliche Verhaltensvorgaben des Unternehmers, z.B. zum Umgang mit Gefahrstoffen. Verstöße gegen Weisungen können zu Abmahnungen oder in letzter Konsequenz zur Kündigung führen. Erkennbar gegen Sicherheit und Gesundheit gerichtete Weisungen dürfen von den Versicherten nicht befolgt werden.

Geschützt durch Absatz 1 werden – neben den Versicherten selbst – Personen, die durch Handlungen oder Unterlassungen der Versicherten betroffen sind. Ein Unterlassen liegt vor, wenn Versicherte es versäumen, die für die Sicherheit oder Gesundheit notwendigen Handlungen vorzunehmen oder einzuleiten. Zur Unterstützungspflicht gehören z.B. neben den Melde- und Beseitigungspflichten nach § 16 die Pflicht nach § 28, sich zum Ersthelfer ausbilden zu lassen, auch die Benutzungspflicht für persönliche Schutzausrüstungen nach § 30 Absatz 2.

Sofern konkrete Anhaltspunkte dafür vorliegen, dass Versicherte nicht in der Lage sind, die zugewiesenen Tätigkeiten zu erbringen, ohne sich selbst oder andere zu gefährden, hat der Unternehmer im Rahmen der Prüfung der Befähigung nach § 7 ein Beschäftigungsverbot für diese Tätigkeiten auszusprechen. Versetzen sich Versicherte durch den Konsum von Alkohol, Drogen oder anderen berauschenden Mitteln in einen Zustand, in dem sie sich selbst oder andere gefährden können, ist eine mangelnde Befähigung für Tätigkeiten gegeben. Gleiches gilt für die Einnahme von psychoaktiven Arzneimitteln, z.B. Schlaf- und Beruhigungsmitteln, Antidepressiva, Antiepileptika, Neuroleptika oder anderen Medikamenten, die z.B. zu Müdigkeit oder Beeinträchtigung der Reaktionsfähigkeit führen können. Der persönliche Lebensbereich ist nur dann betroffen, wenn die Auswirkungen in die Arbeitszeit hineinreichen. In einer Betriebsvereinbarung können weitere Regelungen getroffen werden, z.B. absolutes Alkoholverbot, Verbot anderer Suchtmittel, Umgang mit auffälligen Versicherten. Sofern nach ärztlicher Verordnung Arzneimittel eingenommen werden müssen, sollte eine

Rücksprache mit dem verordnenden Arzt oder dem Betriebsarzt stattfinden.

§ 16 – Besondere Unterstützungspflichten

(1) Die Versicherten haben dem Unternehmer oder dem zuständigen Vorgesetzten jede von ihnen festgestellte unmittelbare erhebliche Gefahr für die Sicherheit und Gesundheit sowie jeden an den Schutzvorrichtungen und Schutzsystemen festgestellten Defekt unverzüglich zu melden. Unbeschadet dieser Pflicht sollen die Versicherten von ihnen festgestellte Gefahren für Sicherheit und Gesundheit und Mängel an den Schutzvorrichtungen und Schutzsystemen auch der Fachkraft für Arbeitssicherheit, dem Betriebsarzt oder dem Sicherheitsbeauftragten mitteilen.

(2) Stellt ein Versicherter fest, dass im Hinblick auf die Verhütung von Arbeitsunfällen, Berufskrankheiten und arbeitsbedingten Gesundheitsgefahren

- ein Arbeitsmittel oder eine sonstige Einrichtung einen Mangel aufweist,
- Arbeitsstoffe nicht einwandfrei verpackt, gekennzeichnet oder beschaffen sind
  oder
- ein Arbeitsverfahren oder Arbeitsabläufe Mängel aufweisen,

hat er, soweit dies zu seiner Arbeitsaufgabe gehört und er über die notwendige Befähigung verfügt, den festgestellten Mangel unverzüglich zu beseitigen. Andernfalls hat er den Mangel dem Vorgesetzten unverzüglich zu melden.

Ergänzend zu § 15 enthält diese Vorschrift Meldepflichten und – unter bestimmten Voraussetzungen – sogar eigene Beseitigungspflichten der Versicherten. Für persönliche Schutzausrüstungen wird die Meldepflicht durch § 30 Absatz 2 konkretisiert.

Zum Begriff „unmittelbare erhebliche Gefahr“ siehe Glossar im Anhang unter „erhebliche Gefahr“. Die Versicherten können davon ausgehen, dass eine unmittelbare erhebliche Gefahr vorliegt, wenn sich konkrete Anhaltspunkte oder ein begründeter Verdacht hierfür ergeben. Dem Unternehmer stehen die verantwortlichen Personen nach § 13 gleich, d.h., auch diesen gegenüber können die Meldungen erfolgen. Im Unterschied zu einem Defekt, bei dem eine Fehlfunktion (Totalausfall oder schlechte Funktion) der Schutzvorrichtung oder des Schutzsystems gegeben ist, liegt ein Mangel bereits vor, wenn die Schutzvorrichtung oder das Schutzsystem in ihren Funktionen beeinträchtigt sind. Die Versicherten haben die Gefahr oder den Defekt unverzüglich, d.h. ohne schuldhaftes Zögern, zu melden.

Beseitigungspflicht

Ebenso wie die übrigen Regelungen in §§ 15 und 16 dient auch § 16 Abs. 2 S. 2 insbesondere dazu, die – auch in § 21 Abs. 3 SGB VII und § 9 Abs. 2 S. 2 und 3 ArbSchG zum Ausdruck kommende – Eigenverantwortung der Versicherten deutlich zu machen und deren Zusammenarbeit mit den genannten Akteuren zu fördern. Zugleich zeigt dieser im Kontext mit den genannten Vorschriften die Kaskade der Maßnahmen zur Mängelbeseitigung und deren Grenzen vor allem im Hinblick auf die Versicherten auf. Die in § 11 festgesetzte Pflicht des Unternehmers, Arbeitsmittel und Einrichtungen zu entziehen bzw. stillzulegen sowie Arbeitsverfahren oder -abläufe abzubrechen, greift erst dann, wenn nur noch die genannten Maßnahmen verbleiben, um Gefahren für die Versicherten abzuwenden („sonst nicht abzuwendende Gefahren"). Die Regelung setzt mithin voraus, dass zunächst andere Maßnahmen zu ergreifen sind. Zu diesen Maßnahmen gehört z.B. die Pflicht der Versicherten, festgestellte Mängel unter den genannten Tatbestandsvoraussetzungen selbst zu beseitigen.

Die Beseitigungspflicht greift zudem nur, soweit die Mängelbeseitigung zu der Arbeitsaufgabe des Versicherten gehört und dieser über die notwendige Befähigung hierzu verfügt. Aus der Formulierung in § 11 „sonst nicht abzuwenden Gefahren" folgt zudem, dass es sich auch bei § 16 Abs. 2 S. 2 um solche Mängel handeln muss, die der Versicherte mit dem ihm zur Verfügung stehenden Mitteln auch „unverzüglich" beseitigen kann (Möglichkeit zur Beseitigung und Hinweis auf Mängelschwere). Kann der Mangel vom Versicherten nicht unverzüglich beseitigt werden (weil die Mängelbeseitigung nicht zu der Arbeitsaufgabe des Versicherten gehört, dieser nicht über die notwendige Befähigung verfügt, entweder keine oder nicht ausreichende Mittel zur unverzüglichen Mängelbeseitigung hat), hat der Versicherte den Mangel unverzüglich dem Vorgesetzten zu melden.

§ 17 – Benutzung von Einrichtungen, Arbeitsmitteln und Arbeitsstoffen

Versicherte haben Einrichtungen, Arbeitsmittel und Arbeitsstoffe sowie Schutzvorrichtungen bestimmungsgemäß und im Rahmen der ihnen übertragenen Aufgaben zu benutzen.

Die allgemeinen Unterstützungspflichten der Versicherten in § 15 Absatz 1 werden durch § 17 für die Benutzung von Einrichtungen, Arbeitsmitteln und Arbeitsstoffen sowie Schutzvorrichtungen konkretisiert. Zur Definition der Begriffe siehe Glossar im Anhang. Für einen wirksamen Sicherheits- und Gesundheitsschutz ist nicht nur die Bereitstellung von Einrichtungen, Arbeitsmitteln und Arbeitsstoffen sowie Schutzvorrichtungen, sondern auch deren bestimmungsgemäße Benutzung durch die Versicherten notwendig. Diese kann sich z.B. aus Unfallverhütungsvorschriften, Betriebsanleitungen, Weisungen des Unternehmers, Sicherheitsdatenblättern oder Gebrauchsanweisungen ergeben und beinhaltet z.B., dass die vorhandenen Schutzeinrichtungen nicht abgebaut oder umgangen und persönliche Schutzausrüstungen auch tatsächlich getragen oder nach der Benutzung auch an dem dafür vorgesehenen Platz gelagert werden.

§ 18 – Zutritts- und Aufenthaltsverbote

Versicherte dürfen sich an gefährlichen Stellen nur im Rahmen der ihnen übertragenen Aufgaben aufhalten.

Diese Bestimmung ergänzt auf Seiten der Versicherten die Pflichten aus den §§ 15 und 16 sowie aus § 9, nach der der Unternehmer im Rahmen seiner Gefährdungsbeurteilung festlegt, welche Betriebsteile von Unbefugten nicht betreten werden dürfen. Bei der Übertragung von Aufgaben sind die Regelungen des § 7 sowie § 4 im Hinblick auf die Unterweisung zu beachten. Das Ziel eines wirksamen Arbeitsschutzes kann indes nur erreicht werden, wenn sich die Versicherten selbst als zentrale Akteure für Sicherheit und Gesundheit ansehen, aktiv mitwirken (bzw. im Umkehrschluss sicherheitswidrige Handlungen schlichtweg unterlassen) und sich somit stets sicherheitsgerecht verhalten. Ausgehend hiervon wird die in § 15 enthaltene generelle Vorsorgepflicht der Versicherten, nach der diese insbesondere auch für ihre eigene Sicherheit und Gesundheit zu sorgen, entsprechende Maßnahmen des Unternehmers zu unterstützen und Weisungen zu befolgen haben, durch § 18 konkretisiert. Zur Eigenvorsorge gehört demnach auch, sich an gefährlichen Stellen nur dann aufzuhalten, wenn dieser Aufenthalt zum Bereich der übertragenen Aufgaben gehört bzw. der Aufenthalt zur übertragenen Aufgabenerledigung erforderlich ist. § 18 beinhaltet im Ergebnis auch ein Zutritts- und Aufenthaltsverbot für alle anderen Versicherten, bei denen die genannten Kriterien nicht gegeben sind und für dessen Einhaltung der Unternehmer verantwortlich zeichnet.

Die Regelung kann vom Anbringen von Verbotszeichen bis zur Bewachung reichen. Was „gefährliche Stellen" sind, richtet sich nach den Betriebsverhältnissen, der speziell verrichteten Tätigkeit und den Arbeitsschutzvorschriften, so z.B. Bereiche unter schwebenden Lasten, Fahr- und Schwenkbereiche von Fahrzeugen, unübersichtliche Verkehrs- und Transportbereiche.

Viertes Kapitel: Organisation des betrieblichen Arbeitsschutzes

Erster Abschnitt: Sicherheitstechnische und betriebsärztliche Betreuung, Sicherheitsbeauftragte

§ 19 – Bestellung von Fachkräften für Arbeitssicherheit und Betriebsärzten

(1) Der Unternehmer hat nach Maßgabe des Gesetzes über Betriebsärzte, Sicherheitsingenieure und andere Fachkräfte für Arbeitssicherheit (Arbeitssicherheitsgesetz) und der hierzu erlassenen Unfallverhütungsvorschriften Fachkräfte für Arbeitssicherheit und Betriebsärzte zu bestellen.

(2) Der Unternehmer hat die Zusammenarbeit der Fachkräfte für Arbeitssicherheit und der Betriebsärzte zu fördern.

Nach dem Arbeitssicherheitsgesetz (ASiG) hat der Arbeitgeber Betriebsärzte und Fachkräfte für Arbeitssicherheit zu bestellen. Diese sollen ihn beim Arbeitsschutz und bei der Unfallverhütung unterstützen. Damit soll erreicht werden, dass

- die dem Arbeitsschutz und der Unfallverhütung dienenden Vorschriften den besonderen Betriebsverhältnissen entsprechend angewandt werden,
- gesicherte arbeitsmedizinische und sicherheitstechnische Erkenntnisse zur Verbesserung des Arbeitsschutzes und der Unfallverhütung verwirklicht werden können,
- die dem Arbeitsschutz und der Unfallverhütung dienenden Maßnahmen einen möglichst hohen Wirkungsgrad erreichen.

Einzelheiten zur Konkretisierung des Arbeitssicherheitsgesetzes sind in der DGUV Vorschrift 2 „Betriebsärzte und Fachkräfte für Arbeitssicherheit" geregelt.

Der Unternehmer sollte darauf hinwirken, dass Betriebsarzt und Fachkraft für Arbeitssicherheit an Betriebsbegehungen und Untersuchungen von Unfall- und Berufskrankheiten teilnehmen, Betriebsbegehungen aufeinander abstimmen, einen regelmäßigen Erfahrungsaustausch pflegen, gemeinsame Projekte, wie Erarbeitung von Schutzmaßnahmen oder die Auswahl der geeigneten persönlichen Schutzausrüstungen durchführen.

§ 20 – Bestellung und Aufgaben von Sicherheitsbeauftragten

(1) In Unternehmen mit regelmäßig mehr als 20 Beschäftigten hat der Unternehmer unter Berücksichtigung der im Unternehmen bestehenden Verhältnisse hinsichtlich der Arbeitsbedingungen, der Arbeitsumgebung sowie der Arbeitsorganisation Sicherheitsbeauftragte in der erforderlichen Anzahl zu bestellen. Kriterien für die Anzahl der Sicherheitsbeauftragten sind:

- Im Unternehmen bestehende Unfall- und Gesundheitsgefahren,
- Räumliche Nähe der zuständigen Sicherheitsbeauftragten zu den Beschäftigten,
- Zeitliche Nähe der zuständigen Sicherheitsbeauftragten zu den Beschäftigten,
- Fachliche Nähe der zuständigen Sicherheitsbeauftragten zu den Beschäftigten,
- Anzahl der Beschäftigten.

(2) Die Sicherheitsbeauftragten haben den Unternehmer bei der Durchführung der Maßnahmen zur Verhütung von Arbeitsunfällen, Berufskrankheiten zu unterstützen, insbesondere sich von dem Vorhandensein und der ordnungsgemäßen Benutzung der vorgeschriebenen Schutzeinrichtungen und persönlichen Schutzausrüstungen zu überzeugen und auf Unfall- und Gesundheitsgefahren für die Versicherten aufmerksam zu machen.

(3) Der Unternehmer hat den Sicherheitsbeauftragten Gelegenheit zu geben, ihre Aufgaben zu erfüllen, insbesondere in ihrem Bereich an den Betriebsbesichtigungen sowie den Untersuchungen von Unfällen und Berufskrankheiten durch die Aufsichtspersonen des Unfallversicherungsträgers teilzunehmen; den Sicherheitsbeauftragten sind die hierbei erzielten Ergebnisse zur Kenntnis zu geben.

(4) Der Unternehmer hat sicherzustellen, dass die Fachkräfte für Arbeitssicherheit und Betriebsärzte mit den Sicherheitsbeauftragten eng zusammenwirken.

(5) Die Sicherheitsbeauftragten dürfen wegen der Erfüllung der ihnen übertragenen Aufgaben nicht benachteiligt werden.

(6) Der Unternehmer hat den Sicherheitsbeauftragten Gelegenheit zu geben, an Aus- und Fortbildungsmaßnahmen des Unfallversicherungsträgers teilzunehmen, soweit dies im Hinblick auf die Betriebsart und die damit für die Versicherten verbundenen Unfall- und Gesundheitsgefahren sowie unter Berücksichtigung betrieblicher Belange erforderlich ist.

§ 20 Absatz 1 weist fünf verbindliche Kriterien auf, nach denen der Unternehmer die Anzahl der Sicherheitsbeauftragten für seinen Betrieb bestimmen soll. Der Einsatz von Sicherheitsbeauftragten ist unabhängig von der Bestellung oder Verpflichtung von Betriebsärzten und Fachkräften für Arbeitssicherheit.

In der DGUV Regel 100-001 „Grundsätze der Prävention“ werden die Kriterien näher erläutert. Die Regelung bietet den Unternehmen Gestaltungsspielräume, die bedarfsge-

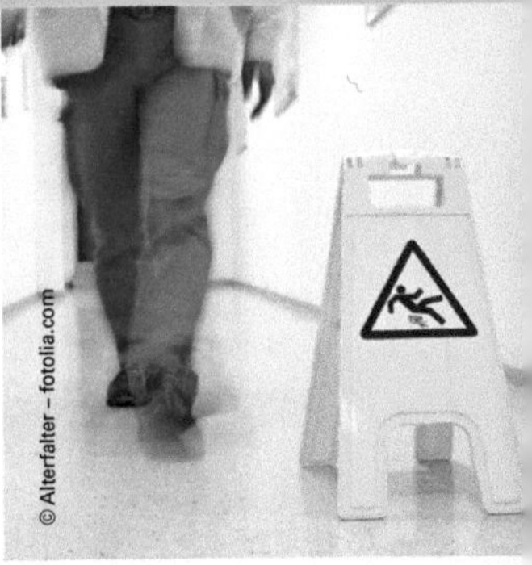

recht im Rahmen der gesetzlichen Vorgaben genutzt werden können.

Zu beachten ist, dass § 20 – abweichend von der generellen Geltung von Unfallverhütungsvorschriften für Versicherte – einschränkend nur für Beschäftigte und – über § 22 Abs. 1 Satz 2 SGB VII – für die nach § 2 Abs. 1 Nr. 2, 8 und 12 SGB VII Versicherten gilt (Lernende, Kinder, Schüler, Studierende sowie ehrenamtlich tätige Versicherte).

Im Unternehmen bestehende Unfall- und Gesundheitsgefahren

Die im Unternehmen bestehenden Unfall- und Gesundheitsgefahren ergeben sich aus der Gefährdungsbeurteilung entsprechend § 5 Arbeitsschutzgesetz (s.o. § 3).

Räumliche Nähe der zuständigen Sicherheitsbeauftragten zu den Beschäftigten

Die räumliche Nähe der Sicherheitsbeauftragten zu den Beschäftigten ist gegeben, wenn Sicherheitsbeauftragte am gleichen Unternehmensstandort und im gleichen Arbeitsbereich wie die Beschäftigten tätig sind. Tätigkeiten in unterschiedlichen Gebäuden deuten auf fehlende räumliche Nähe hin.

Zeitliche Nähe der zuständigen Sicherheitsbeauftragten zu den Beschäftigten

Die in den jeweiligen Arbeitsbereichen zuständigen Sicherheitsbeauftragten müssen zur gleichen Arbeitszeit wie die sonstigen Beschäftigten, z.B. in der gleichen Arbeitsschicht, tätig sein, um ihrer Unterstützungstätigkeit für den Unternehmer nachkommen zu können.

Fachliche Nähe der zuständigen Sicherheitsbeauftragten zu den Beschäftigten

Ein wirksames Tätigwerden der Sicherheitsbeauftragten setzt ihre fachliche Nähe für den Arbeitsbereich der Beschäftigten im Zuständigkeitsbereich voraus. Dies ist z.B. gegeben, wenn die Sicherheitsbeauftragten und die Beschäftigten dauerhaft gleiche oder ähnliche Tätigkeiten ausüben. Die Kenntnis der Gefährdungsbeurteilung im Zuständigkeitsbereich des Sicherheitsbeauftragten ist zwingend notwendig. Hierzu gehört auch die Kenntnis der Mitarbeiterstruktur im Zuständigkeitsbereich, insbesondere im Hinblick auf Qualifizierung und Sprache.

Anzahl der Beschäftigten

Eine angemessene Anzahl der Sicherheitsbeauftragten orientiert sich z.B. daran, dass die Sicherheitsbeauftragten die in ihrem Zuständigkeitsbereich tätigen Beschäftigten persönlich kennen.

Die Mindestanzahl der zu bestellenden Sicherheitsbeauftragten legt der Unternehmer auf der Grundlage der oben genannten Kriterien betriebsbezogen fest. Konkretisierende Empfehlungen für die Staffelungen der Anzahl der Sicherheitsbeauftragten erfolgen durch den zuständigen Unfallversicherungsträger.

Ein Muster für die Bestellung eines Sicherheitsbeauftragten findet sich in der DGUV Regel 100-001 „Grundsätze der Prävention".

Aufgaben der Sicherheitsbeauftragten

Das Aufgabenfeld der Sicherheitsbeauftragten erfordert eine differenzierte Betrachtung, die insbesondere von der unterschiedlichen Betriebsstruktur und -organisation abhängig ist. Als Kollegen unter Kollegen wirken diese neben ihrer eigentlichen Aufgabe auf sicherheitsgerechtes Handeln hin und helfen, Unfälle, Berufskrankheiten und arbeitsbedingte Gesundheitsgefahren zu vermeiden. Die Sicherheitsbeauftragten haben keine Weisungs- oder Anordnungsbefugnis und auch keine Verantwortung für die ihnen übertragenen Aufgaben hinsichtlich dieser Funktion. Sie unterstützen die im Betrieb für den Arbeitsschutz verantwortlichen Personen nach dem Motto: „Vier Augen sehen mehr als zwei." Daraus ergibt sich, dass Personen mit Führungsverantwortung, z.B. Meister, Vorarbeiter, Gruppenleiter, nicht zu Sicherheitsbeauftragten bestellt werden sollten.

Der Unternehmer hat den Sicherheitsbeauftragten ausreichend Zeit zur Verfügung zu stellen, um die übertragenen Aufgaben während der Arbeitszeit zu erfüllen. Hierzu benötigen sie neben den regelmäßigen Informationen durch Betriebsleitung, Fachkraft für Arbeitssicherheit und Betriebsarzt im Allgemeinen eine Ausbildung und auch eine regelmäßige Weiterbildung, die von Unfallversicherungsträgern angeboten wird.

Sicherheitsbeauftragte sollen mit Fachkräften für Arbeitssicherheit und den Betriebsärzten zusammenarbeiten. Denkbar sind regelmäßige Veranstaltungen zum gegenseitigen Informationsaustausch, Mitarbeit bei der Auswahl von geeigneten persönlichen Schutzausrüstungen oder bei Unfalluntersuchungen.

Zweiter Abschnitt: Maßnahmen bei besonderen Gefahren

§ 21 – Allgemeine Pflichten des Unternehmers

(1) Der Unternehmer hat Vorkehrungen zu treffen, dass alle Versicherten, die einer unmittelbaren erheblichen Gefahr ausgesetzt sind oder sein können, möglichst frühzeitig über diese Gefahr und die getroffenen oder zu treffenden Schutzmaßnahmen unterrichtet sind. Bei unmittelbarer erheblicher Gefahr für die eigene Sicherheit oder die Sicherheit anderer Personen müssen die Versicherten die geeigneten Maßnahmen zur Gefahrenabwehr und Schadensbegrenzung selbst treffen können, wenn der zuständige Vorgesetzte nicht erreichbar ist; dabei sind die Kenntnisse der Versicherten und die vorhandenen technischen Mittel zu berücksichtigen.

(2) Der Unternehmer hat Maßnahmen zu treffen, die es den Versicherten bei unmittelbarer erheblicher Gefahr ermöglichen, sich durch sofortiges Verlassen der Arbeitsplätze in Sicherheit zu bringen.

Die Größe einer Gefahr wird im Allgemeinen durch die Schwere des möglichen Schadens und seine Eintrittswahrscheinlichkeit bestimmt. Zum Begriff „unmittelbare erhebliche Gefahr“ siehe Glossar im Anhang unter „erhebliche Gefahr“. Für die Versicherten sind diese Situationen oftmals mit Lebensgefahr oder erheblicher Verletzungsgefahr verbunden. In den Schutzbereich des Absatz 1 sind Versicherte einbezogen, zu deren Tätigkeit eine solche Gefahr von Natur aus und immer gehört, als auch solche, bei denen nur gelegentlich mit solchen Gefahren gerechnet werden muss. Die möglichst frühzeitige Unterrichtung soll die Beschäftigten in die Lage versetzen, sich rechtzeitig auf die Gefahren und Schutzmaßnahmen einzustellen. Die Unterrichtung hat sorgfältig und umfassend zu erfolgen, wobei auf hohe Verständlichkeit zu achten ist.

Absatz 1 Satz 2 geht zunächst davon aus, dass bei einer unmittelbaren erheblichen Gefahr der Vorgesetzte geeignete Maßnahmen ergreifen bzw. veranlassen muss. Die Vorschrift korrespondiert insofern mit der Meldepflicht der Versicherten nach § 16. Ist der zuständige Vorgesetzte nicht erreichbar, müssen die Versicherten selbständig handeln können. Die Bestimmung bezieht dabei nicht nur die Versicherten, sondern auch dritte Personen („andere Personen") in den Schutzbereich ein. Geeignete Maßnahmen sind solche, mit denen das angestrebte Ziel (Gefahrenabwehr und Schadensbegrenzung) erreicht werden kann, d.h., die den Schadenseintritt verhindern oder auf ein erträgliches Maß reduzieren. Daraus folgt die Pflicht des Unternehmers, für entsprechende Vorkehrungen zu sorgen, damit die Versicherten schadensabwehrend oder -mindernd handeln können. In Betracht kommen z.B. die in § 22 genannten Notfallmaßnahmen (siehe nachfolgend).

Absatz 2 stellt besondere Anforderungen für die Auswahl geeigneter Schutzmaßnahmen durch den Unternehmer auf. Neben organisatorischen Maßnahmen (siehe hierzu z.B. § 22) kommen hier vor allem technische Einrichtungen in Betracht, z.B. Fluchtwege und Notausgänge in erforderlicher Anzahl und Lage mit deutlicher Kennzeichnung. Weitere Beispiele siehe auch § 4 Absatz 4, Abschnitte 2.3 und 5.2 Absatz 4 des Anhangs zu § 3a Absatz 1 der Arbeitsstättenverordnung sowie der DGUV Regel 112-199 „Retten aus Höhen und Tiefen mit persönlichen Absturzschutzausrüstungen".

§ 22 – Notfallmaßnahmen

(1) Der Unternehmer hat entsprechend § 10 Arbeitsschutzgesetz die Maßnahmen zu planen, zu treffen und zu überwachen, die insbesondere für den Fall des Entstehens von Bränden, von Explosionen, des unkontrollierten Austretens von Stoffen und von sonstigen gefährlichen Störungen des Betriebsablaufs geboten sind.

(2) Der Unternehmer hat eine ausreichende Anzahl von Versicherten durch Unterweisung und Übung im Umgang mit Feuerlöscheinrichtungen zur Bekämpfung von Entstehungsbränden vertraut zu machen.

Entsprechend der Art der Arbeitsstätte und der Tätigkeiten sowie der Zahl der Beschäftigten hat der Unternehmer die Maßnahmen zu treffen, die zur Ersten Hilfe, Brandbekämpfung und Evakuierung erforderlich sind. Hierzu gehören z.B. die Aufstellung eines Alarmplanes, eines Flucht- und Rettungsplanes, einer Brandschutzordnung oder eines Notfallplanes für unerwartete Situationen. Der Unternehmer hat auch dafür zu sorgen, dass im Notfall die erforderlichen Verbindungen zu außerbetrieblichen Stellen, z.B zur Ersten Hilfe, der medizinischen Notversorgung, der Bergung und der Brandbekämpfung eingerichtet sind. Je größer die Gefährlichkeit der Tätigkeiten ist, umso mehr müssen die zu treffenden Maßnahmen an Umfang und Qualität zunehmen.

In einem Alarmplan wird festgelegt, welche Maßnahmen in Notfällen durchgeführt werden müssen. In einem Flucht- und Rettungsplan, der zweckmäßigerweise den Alarmplan einschließt, werden Verhaltensweisen und Abläufe grafisch unterstützt festgelegt. Flucht- und Rettungspläne sind insbesondere dann aufzustellen, wenn Ausdehnung und Art der Nutzung des Unternehmens es erfordern. Hierzu gehören auch Unternehmen, in denen sich regelmäßig eine große Anzahl von Personen, Betriebsfremde oder Personen mit eingeschränkter Mobilität aufhalten sowie Unternehmen, die mit gefährlichen Stoffen umgehen, wie Raffinerien, Betriebe der chemischen Industrie und Laboratorien. Dazu zählen auch Schulen und Kindertageseinrichtungen mit Schul- und Kindergartenkindern.

Über Inhalt und Abläufe sind die Versicherten z.B. im Rahmen der Unterweisung (§ 4) zu informieren. Die Pläne müssen an geeigneten Stellen im Unternehmen aushängen und gegebenenfalls regelmäßig aktualisiert werden. Sprache (mehrsprachig, einfacher Text) und Darstellung (genormte Symbole) sollten so gewählt werden, dass auch betriebsfremde Personen sich leicht orientieren können.

Die im Rahmen des Brandschutzes zu ergreifenden Maßnahmen lassen sich aus der Gefährdungsbeurteilung ableiten. Hierzu gehört die Ausstattung mit geeigneten Feuerlöscheinrichtungen in ausreichender Anzahl (weitere Hinweise siehe „Maßnahmen gegen Brände“ (ASR A2.2) und „Einsatz von Feuerlöschanlagen mit sauerstoffverdrängenden Gasen“ (DGUV Regel 105-001). Ergibt die Gefährdungsbeurteilung eine erhöhte Wahrscheinlichkeit des Auftretens von Bränden und Explosionen, kann eine Brandschutzordnung erforderlich sein. Diese wird zweckmäßigerweise gemeinsam mit der zuständigen Feuerwehr aufgestellt. Auch hierüber sind die Versicherten zu informieren.

§ 23 – Maßnahmen gegen Einflüsse des Wettergeschehens

Beschäftigt der Unternehmer Versicherte im Freien und bestehen infolge des Wettergeschehens Unfall- und Gesundheitsgefahren, so hat er geeignete Maßnahmen am Arbeitsplatz vorzusehen, geeignete organisatorische Schutzmaßnahmen zu treffen oder erforderlichenfalls persönliche Schutzausrüstungen zur Verfügung zu stellen.

Bei Arbeiten im Außenbereich können auf Grund des Wettergeschehens (Vereisung, Gewitter, Nebel etc.) sowohl Gesundheits- als auch Unfallgefahren auftreten, ein Thema, welches im Kontext des Klimawandels weiter und stärker als bisher an Bedeutung gewinnt. Der Unternehmer hat im Rahmen der Gefährdungsbeurteilung das Ausmaß der Gefahren zu ermitteln und die zur Abwendung der Gefahr notwendigen Maßnahmen festzulegen. Zu persönlichen Schutzausrüstungen siehe §§ 29 f.

Nähere Informationen z.B. für die Auswahl von geeigneter Schutzkleidung siehe DGUV Regel 112-189 und 112-989 „Benutzung von Schutzkleidung“.

Dritter Abschnitt: Erste Hilfe

§ 24 – Allgemeine Pflichten des Unternehmers

(1) Der Unternehmer hat dafür zu sorgen, dass zur Ersten Hilfe und zur Rettung aus Gefahr die erforderlichen Einrichtungen und Sachmittel sowie das erforderliche Personal zur Verfügung stehen.

(2) Der Unternehmer hat dafür zu sorgen, dass nach einem Unfall unverzüglich Erste Hilfe geleistet und eine erforderliche ärztliche Versorgung veranlasst wird.

(3) Der Unternehmer hat dafür zu sorgen, dass Verletzte sachkundig transportiert werden.

(4) Der Unternehmer hat im Rahmen seiner Möglichkeiten darauf hinzuwirken, dass Versicherte

- einem Durchgangsarzt vorgestellt werden; es sei denn, dass der erstbehandelnde Arzt festgestellt hat, dass die Verletzung nicht über den Unfalltag hinaus zur Arbeitsunfähigkeit führt oder die Behandlungsbedürftigkeit voraussichtlich nicht mehr als eine Woche beträgt,
- bei einer schweren Verletzung einem der von den Unfallversicherungsträgern bezeichneten Krankenhäuser zugeführt werden,
- bei Vorliegen einer Augen- oder Hals-, Nasen-, Ohrenverletzung dem nächst erreichbaren Arzt des entsprechenden Fachgebiets zugeführt werden, es sei denn, dass sich die Vorstellung durch eine ärztliche Erstversorgung erübrigt hat.

(5) Der Unternehmer hat dafür zu sorgen, dass den Versicherten durch Aushänge der Unfallversicherungsträger oder in anderer geeigneter schriftlicher Form Hinweise über die Erste Hilfe und Angaben über Notruf, Erste-Hilfe- und Rettungs-Einrichtungen, über das Erste-Hilfe-Personal sowie über herbeizuziehende Ärzte und anzufahrende Krankenhäuser gemacht werden. Die Hinweise und die Angaben sind aktuell zu halten.

(6) Der Unternehmer hat dafür zu sorgen, dass jede Erste-Hilfe-Leistung dokumentiert und diese Dokumentation fünf Jahre lang verfügbar gehalten wird. Die Dokumente sind vertraulich zu behandeln.

(7) Der Schulsachkostenträger als Unternehmer nach § 136 Absatz 3 Nummer 3 Alternative 2 Sozialgesetzbuch Siebtes Buch (SGB VII) hat den Schulhoheitsträger bei der Durchführung von Maßnahmen zur Sicherstellung einer wirksamen Ersten Hilfe für Versicherte nach § 2 Absatz 1 Nummer 8 Buchstabe b SGB VII zu unterstützen.

Zu den Einrichtungen und Sachmitteln gehören insbesondere Meldeeinrichtungen, Mittel zur Ersten Hilfe, Rettungsgeräte, Transportmittel und Erste-Hilfe-Räume. Hierbei sind auch Einrichtungen und Vorkehrungen zum Schutz der Helfer, z.B. persönliche Schutzausrüstungen in Form von Atemschutzgeräten, vorzusehen. Das erforderliche Personal umfasst in erster Linie Ersthelfer und Betriebssanitäter sowie Versicherte, die in der Handhabung von Rettungsgeräten und Rettungstransportmitteln unterwiesen sind, aber auch Personen mit einer höher qualifizierten Ausbildung in Erster Hilfe (siehe hierzu Ausführungen zu § 26 Absatz 2).

Nach Absatz 2 sind Verletzte dann dem Arzt vorzustellen, wenn Art und Umfang der Verletzung eine ärztliche Versorgung angezeigt erscheinen lassen.

Die Entscheidung über die Art des Transports hängt insbesondere von Art, Umfang und Schwere der Verletzung sowie der Länge der Beförderungsstrecke ab. Bei geringfügigen Verletzungen kommt ein Transport im PKW oder Taxi in Betracht. Eine Begleitung des Verletzten durch eine

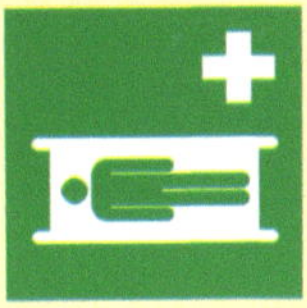

weitere Person hängt von der Art der Verletzung bzw. der gesundheitlichen Beeinträchtigung ab. Führt der Unternehmer den Transport durch einen eigenen betrieblichen Rettungsdienst durch, muss er die fachlichen Anforderungen hinsichtlich des Betriebs, der Art, Ausstattung, Ausrüstung und Wartung der Fahrzeuge sowie hinsichtlich des Rettungspersonals nach den Rettungsdienstgesetzen der Länder erfüllen.

Die Anschriften der Durchgangsärzte und der bezeichneten Krankenhäuser teilen die Landesverbände der DGUV mit. Die Internetadresse der Landesverbände lautet: www.dguv.de/landesverbaende (Webcode: d25021). Liegen ausschließlich Verletzungen der Augen, der Ohren, der Nase oder des Halses vor, ist der Verletzte möglichst dem nächstgelegenen Facharzt vorzustellen. Die Vorstellung beim Durchgangsarzt ist dann nicht erforderlich.

Der Unternehmer ist verpflichtet, Hinweise über die Erste Hilfe in Form von Aushängen der UV-Träger oder in anderer geeigneter Form anzubringen, z.B. zu Ersthelfern, Betriebssanitätern, Erste-Hilfe-Material, Ärzten usw. Die hierüber erforderliche Unterweisung (§ 4) ist in angemessenen Zeiträumen, mindestens einmal im Jahr, zu wiederholen. Als schriftlicher Hinweis zur Ersten Hilfe steht insbesondere der unfallversicherungsrechtliche Aushang „Erste Hilfe“ (DGUV Information 204-001) als Plakat zur Verfügung. Das Plakat „Erste Hilfe“ enthält Hinweise zur Ersten Hilfe beim Auffinden einer Person.

Die Dokumentation der Ersten Hilfe nach Absatz 6 liefert eine wichtige Grundlage für die Planung und Organisation der Ersten Hilfe und des betrieblichen Rettungswesens. Die Dokumentation kann auch als Informationsquelle zur Identifizierung von Unfallschwerpunkten und als Nachweis für das Vorliegen eines Arbeitsunfalls dienen. Für die

Dokumentation kann insbesondere das Verbandbuch (DGUV Information 204-020) oder der Meldeblock (DGUV Information 204-021) verwendet werden.

Nach Absatz 7 hat der Schulsachkostenträger den Schulhoheitsträger bei der Durchführung von Maßnahmen zur Sicherstellung einer wirksamen Ersten Hilfe für Schüler an allgemein- oder berufsbildenden Schulen zu unterstützen (siehe auch § 4 Absatz 3 oben).

§ 25 – Erforderliche Einrichtungen und Sachmittel

(1) Der Unternehmer hat unter Berücksichtigung der betrieblichen Verhältnisse durch Meldeeinrichtungen und organisatorische Maßnahmen dafür zu sorgen, dass unverzüglich die notwendige Hilfe herbeigerufen und an den Einsatzort geleitet werden kann.

(2) Der Unternehmer hat dafür zu sorgen, dass Mittel zur Ersten Hilfe jederzeit schnell erreichbar und leicht zugänglich in geeigneten Behältnissen, gegen schädigende Einflüsse geschützt, in ausreichender Menge bereitgehalten sowie rechtzeitig ergänzt und erneuert werden.

(3) Der Unternehmer hat dafür zu sorgen, dass unter Berücksichtigung der betrieblichen Verhältnisse Rettungsgeräte und Rettungstransportmittel bereitgehalten werden.

(4) Der Unternehmer hat dafür zu sorgen, dass mindestens ein mit Rettungstransportmitteln leicht erreichbarer Erste-Hilfe-Raum oder eine vergleichbare Einrichtung

1. in einer Betriebsstätte mit mehr als 1000 dort beschäftigten Versicherten,

2 in einer Betriebsstätte mit 1000 oder weniger, aber mehr als 100 dort beschäftigten Versicherten, wenn deren Art und das Unfallgeschehen nach Art, Schwere und Zahl der Unfälle einen gesonderten Raum für die Erste Hilfe erfordern,

3. auf einer Baustelle mit mehr als 50 dort beschäftigten Versicherten

vorhanden ist. Nummer 3 gilt auch, wenn der Unternehmer zur Erbringung einer Bauleistung aus einem von ihm übernommenen Auftrag Arbeiten an andere Unternehmer vergeben hat und insgesamt mehr als 50 Versicherte gleichzeitig tätig werden.

(5) In Kindertageseinrichtungen, allgemein bildenden und berufsbildenden Schulen sowie Hochschulen hat der Unternehmer geeignete Liegemöglichkeit oder geeignete Räume mit Liegemöglichkeit zur Erstversorgung von Verletzten in der erforderlichen Anzahl vorzuhalten.

Meldeeinrichtungen und organisatorische Maßnahmen

Damit ein Notruf unverzüglich, das heißt ohne schuldhaftes Verzögern, abgesetzt werden kann, hat der Unternehmer Meldeeinrichtungen vorzuhalten. In besonders gefährdeten Betrieben sind ggf. weitere Einrichtungen und Maßnahmen erforderlich, z.B. eine zentrale betriebliche Meldestelle, besondere Notrufmelder oder transportable Notrufeinrichtungen. Außerdem sollte der Unternehmer prüfen, ob er das innerbetriebliche Meldesystem so einrichten kann, dass in der Zentrale erkennbar ist, wo der Notruf abgegeben wird. Meldemöglichkeiten müssen auch außerhalb der betriebsüblichen Arbeitszeiten erhalten bleiben. Weitere Informationen enthalten die DGUV Regel 112-139 „Einsatz von Personen-Notsignal-Anlagen“ sowie die DGUV Information 212-139 „Notrufmöglichkeiten für allein arbeitende Personen“.

Mittel zur Ersten Hilfe

Mittel zur Ersten Hilfe nach Absatz 2 sind das Erste-Hilfe-Material (z.B. Verbandmaterial, Hilfsmittel, Rettungsdecke) sowie z.B. in Abstimmung mit dem Betriebsarzt erforderliche medizinische Geräte und Arzneimittel. Art und Menge sowie Aufbewahrungsorte des Erste-Hilfe-Materials richten sich nach Unfallschwerpunkten, Betriebsgröße, den vorhandenen betrieblichen Gefahren, der Ausdehnung und Struktur des Betriebes und der Organisation des betrieblichen Rettungswesens. Nach dem Medizinproduktegesetz muss Erste-Hilfe-Material eine CE-Kennzeichnung tragen. Nach Ablauf des Verfalldatums darf das Erste-Hilfe-Material nicht weiter verwendet werden

Die Mittel zur Ersten Hilfe müssen – geschützt gegen schädigende Einflüsse (Verunreinigung, Nässe und extreme Temperaturen) – jederzeit schnell erreichbar und leicht zugänglich in geeigneten Behältnissen bereitgehalten und gegebenenfalls rechtzeitig ergänzt und erneuert werden.

Rettungsgeräte und Rettungstransportmittel

Nur an Stellen, an denen der Rettungsdienst Verletzte nicht direkt übernehmen kann, wie z.B. bei der Rettung aus großen Höhen oder Schächten, müssen nach Absatz 3 speziell geeignete Rettungstransportmittel zusätzlich bereit gehalten werden, z.B. Schleifkörbe, Höhentragen, Rettungstücher, Rettungsgurte, Höhenrettungsgeräte etc.

Erste-Hilfe-Raum

Maßgebend nach Absatz 4 ist nicht die Gesamtzahl der Versicherten, sondern die Anzahl der gewöhnlich gleichzeitig an einer Betriebsstätte anwesenden Versicherten. Nicht mitzuzählen sind demnach gewöhnlich außerhalb der Betriebsstätte, z.B. als Reisende oder als Monteure, tätige Mitarbeiter. Der Erste-Hilfe-Raum ist ausschließlich für die Erste Hilfe und ärztliche Erstversorgung bestimmt und darf deshalb auch nicht zweckentfremdet werden. Dem Erste-Hilfe-Raum gleichgestellt sind z.B. Erste-Hilfe-Container und Verbandstuben des Bergbaus. Beispiele zur Ausstattung sind in der DGUV Information „Erste Hilfe im Betrieb“ (204-022) sowie in der Technischen Regel für Arbeitsstätten ASR A 4.3 „Erste-Hilfe-Räume, Mittel und Einrichtungen zur Ersten Hilfe“ enthalten.

Liegemöglichkeiten

Nach Absatz 5 hat der Unternehmer geeignete Liegemöglichkeiten zur Erstversorgung von Verletzten in Kindertageseinrichtungen, allgemein- und berufsbildenden Schulen sowie Hochschulen. Sofern Mitgliedsbetriebe einer BG eine eigene Kindertageseinrichtung haben, wäre dieser Absatz auch für diese Unternehmen zu beachten.

§ 26 – Zahl und Ausbildung der Ersthelfer

(1) Der Unternehmer hat dafür zu sorgen, dass für die Erste-Hilfe-Leistung Ersthelfer mindestens in folgender Zahl zur Verfügung stehen:

1. Bei 2 bis zu 20 anwesenden Versicherten ein Ersthelfer,
2. bei mehr als 20 anwesenden Versicherten
   a) in Verwaltungs- und Handelsbetrieben 5 %,
   b) in sonstigen Betrieben 10 %,
   c) in Kindertageseinrichtungen ein Ersthelfer je Kindergruppe,
   d) in Hochschulen 10 % der Versicherten nach § 2 Absatz 1 Nummer 1 Sozialgesetzbuch Siebtes Buch (SGB VII)

Von der Zahl der Ersthelfer nach Nummer 2 kann im Einvernehmen mit dem Unfallversicherungsträger unter Berücksichtigung der Organisation des betrieblichen Rettungswesens und der Gefährdung abgewichen werden.

(2) Der Unternehmer darf als Ersthelfer nur Personen einsetzen, die bei einer von dem Unfallversicherungsträger für die Ausbildung zur Ersten Hilfe ermächtigten Stelle ausgebildet worden sind oder über eine sanitätsdienstliche/rettungsdienstliche Ausbildung oder eine abgeschlossene Ausbildung in einem Beruf des Gesundheitswesens verfügen. Die Voraussetzungen für die Ermächtigung sind in der Anlage 2 zu dieser Unfallverhütungsvorschrift geregelt.

(3) Der Unternehmer hat dafür zu sorgen, dass die Ersthelfer in der Regel in Zeitabständen von zwei Jahren fortgebildet werden. Für die Fortbildung gilt Absatz 2 entsprechend. Personen mit einer sanitätsdienstlichen/rettungsdienstlichen Ausbildung oder einer entsprechenden Qualifikation in einem Beruf des Gesundheitswesens gelten als fortgebildet, wenn sie an vergleichbaren Fortbildungsveranstaltungen regelmäßig teilnehmen oder bei ihrer beruflichen oder ehrenamtlichen sanitätsdienstlichen/rettungsdienstlichen Tätigkeit regelmäßig Erste-Hilfe-Maßnahmen durchführen. Der Unternehmer hat sich Nachweise über die Fortbildung vorlegen zu lassen.

(4) Ist nach Art des Betriebes, insbesondere auf Grund des Umganges mit Gefahrstoffen, damit zu rechnen, dass bei Unfällen Maßnahmen erforderlich werden, die nicht Gegenstand der allgemeinen Ausbildung zum Ersthelfer gemäß Absatz 2 sind, hat der Unternehmer für die erforderliche zusätzliche Aus- und Fortbildung zu sorgen.

(5) Die Absätze 1 bis 4 gelten nicht für Unternehmer hinsichtlich der nach § 2 Absatz 1 Nummer 8 Buchstabe b Siebtes Buch (SGB VII) Versicherten.

Ersthelfer

Um eine optimale Versorgung des Verunfallten sicherzustellen, ist jede nachfolgende Station in der Rettungskette darauf angewiesen, dass die vorangehende Hilfe ohne Verzögerung und mit großer Sorgfalt geleistet wird. Dadurch wird die große Bedeutung der Ersthelfer unterstrichen – ohne das rechtzeitige Handeln eines Ersthelfers kann der Rettungsdienst kein einziges Leben retten. Nach § 24 Abs. 1 iVm § 10 Abs. 1 ArbSchG hat der Unternehmer daher die gesetzliche Verpflichtung, die Maßnahmen zu treffen, die zur Ersten Hilfe erforderlich sind. Dies sind Maßnahmen, die in einem Notfall eine Erstversorgung bis zum Eintreffen eines Arztes oder anderer Rettungskräfte erlauben. Soweit sich im Unternehmen nicht genügend Versicherte freiwillig melden, kann der Unternehmer von seinem Recht Gebrauch machen, einzelne Mitarbeiter auszuwählen. Unterläuft dem Ersthelfer ein Fehler, obwohl er im Rahmen seines Wissens und Könnens gehandelt hat, so kann er dafür strafrechtlich nicht zur Verantwortung gezogen werden. Andererseits kann die unterlassene Hilfeleistung – auch aus Angst vor falschem Handeln – strafrechtlich verfolgt werden (s. auch DGUV Information 204-022 „Erste Hilfe im Betrieb“).

Die Ausbildung zum Ersthelfer besteht aus dem Erste-Hilfe-Lehrgang im Umfang von 9 Unterrichtseinheiten zu je 45 Minuten. Die Unterweisung in lebensrettenden Sofortmaßnahmen für Führerscheinbewerber nach § 19 Absatz 1 Fahrerlaubnis-Verordnung (FeV) reicht als Erste-Hilfe-Ausbildung nicht aus. Um Ersthelfer zu bleiben, ist eine Fortbildung spätestens alle 2 Jahre ebenfalls im Umfang von 9 Unterrichtseinheiten erforderlich. Beide Lehrgänge können nur durch speziell dazu ermächtigte Stellen durchgeführt werden. Die Voraussetzungen für die Ermächtigung sind in Anlage 2 geregelt und in dem DGUV Grundsatz 304-001 „Ermächtigung von Stellen für die Aus- und Fortbildung in der Ersten Hilfe“ näher erläutert. Die UV-Träger haben überwiegend die Verwaltungs-Berufsgenos-

senschaft mit der Durchführung des Ermächtigungsverfahrens beauftragt. Aktuelle Listen der ermächtigten Stellen können im Internet abgerufen werden (www.bgqseh.de bzw. www.dguv.de/erstehilfe).

Einen Überblick über Inhalte der neuen Aus- und Fortbildung enthält die Aufstellung in der Anlage 2.

Die erforderliche Anzahl an Ersthelfern im Betrieb muss zu jeder Zeit gewährleistet sein, d.h., Urlaubstage, Krankheit und Schichtdienste sind entsprechend zu berücksichtigen. § 10 Absatz 2 Satz 4 Arbeitsschutzgesetz stellt es dem Unternehmer frei, selbst die Aufgaben eines Ersthelfers oder Betriebssanitäters zu übernehmen, aber nur, wenn er über die notwendige Aus- und Fortbildung verfügt. Soweit auf ausgebildete Personen nicht zurückgegriffen werden kann, muss der Unternehmer aufgrund seiner Fürsorgepflicht selbst einspringen.

Da nicht festgelegt ist, dass die im Unternehmen beschäftigten Versicherten die Ersthelfer stellen müssen, kann diese Aufgabe auch anderen anwesenden Personen übertragen werden. Werden mehrere Unternehmer in einer Betriebsstätte oder auf Baustellen tätig, können sie sich wegen des Einsatzes der Ersthelfer absprechen (siehe auch § 6). Wird in einem Fremdbetrieb gearbeitet, kann in Absprache mit diesem auf die Erste-Hilfe-Organisation dieses Betriebes zurückgegriffen werden.

Von der vorgeschriebenen Zahl der Ersthelfer kann nur dann im Einvernehmen mit dem zuständigen UV-Träger abgewichen werden.

Personen, bei denen Erste Hilfe zum Hauptberuf gehört

Personen, die über eine sanitätsdienstliche oder rettungsdienstliche Ausbildung oder über eine abgeschlossene Ausbildung in einem Beruf des Gesundheitswesens verfügen, können ohne zusätzliche Ausbildung als Ersthelfer im Betrieb eingesetzt werden. In Betracht kommen z.B. Rettungshelfer, Rettungssanitäter, Rettungsassistenten, Krankenschwestern, Krankenpfleger, Arzthelfer, Physiotherapeuten.

Zudem gelten auch solche Personen als fortgebildet, die bei ihrer beruflichen oder ehrenamtlichen rettungsdienstlichen Tätigkeit regelmäßig Erste-Hilfe-Maßnahmen durchführen. Häufig sind Mitarbeiter privat in Rettungs- und Hilfsorganisationen oder als Übungsleiter in Sportvereinen tätig. In diesem Rahmen erworbene Kenntnisse der Ersten Hilfe können in den Unternehmen genutzt werden. Approbierte Ärzte bzw. Zahnärzte können als aus- und fortgebildete Ersthelfer angesehen werden.

Zu Absatz 5 wird auf die Erläuterungen zu § 4 Absatz 3 sowie § 1 Absatz 2 verwiesen. Weitere Hinweise sind z.B. in der Information „Erste Hilfe in Schulen" (DGUV Information 202-059) zu finden.

§ 27 – Zahl und Ausbildung der Betriebssanitäter

(1) Der Unternehmer hat dafür zu sorgen, dass mindestens ein Betriebssanitäter zur Verfügung steht, wenn

1. in einer Betriebsstätte mehr als 1500 Versicherte nach § 2 Absatz 1 Nummer 1 Sozialgesetzbuch Siebtes Buch (SGB VII) anwesend sind,

2. in einer Betriebsstätte 1500 oder weniger, aber mehr als 250 Versicherte nach § 2 Absatz 1 Nummer 1 SGB VII anwesend sind und Art, Schwere und Zahl der Unfälle den Einsatz von Sanitätspersonal erfordern,

3. auf einer Baustelle mehr als 100 Versicherte nach § 2 Absatz 1 Nummer 1 SGB VII anwesend sind.

Nummer 3 gilt auch, wenn der Unternehmer zur Erbringung einer Bauleistung aus einem von ihm übernommenen Auftrag Arbeiten an andere Unternehmer vergibt und insgesamt mehr als 100 Beschäftigte gleichzeitig tätig werden.

(2) In Betrieben nach Absatz 1 Satz 1 Nummer 1 kann im Einvernehmen mit dem Unfallversicherungsträger von Betriebssanitätern abgesehen werden, sofern nicht nach Art, Schwere und Zahl der Unfälle ihr Einsatz erforderlich ist. Auf Baustellen nach Absatz 1 Satz 1 Nummer 3 kann im Einvernehmen mit dem Unfallversicherungsträger unter Berücksichtigung der Erreichbarkeit des Unfallortes und der Anbindung an den öffentlichen Rettungsdienst von Betriebssanitätern abgesehen werden.

(3) Der Unternehmer darf als Betriebssanitäter nur Personen einsetzen, die von Stellen ausgebildet worden sind, welche von dem Unfallversicherungsträger in personeller, sachlicher und organisatorischer Hinsicht als geeignet beurteilt werden.

(4) Der Unternehmer darf als Betriebssanitäter nur Personen einsetzen, die

1. an einer Grundausbildung und

2. an einem Aufbaulehrgang

für den betrieblichen Sanitätsdienst teilgenommen haben.

Als Grundausbildung gilt auch eine mindestens gleichwertige Ausbildung oder eine die Sanitätsaufgaben einschließende Berufsausbildung.

(5) Für die Teilnahme an dem Aufbaulehrgang nach Absatz 4 Satz 1 Nummer 2 darf die Teilnahme an der Ausbildung nach Absatz 4 Satz 1 Nummer 1 nicht mehr als zwei Jahre zurückliegen; soweit auf Grund der Ausbildung eine entsprechende berufliche Tätigkeit ausgeübt wurde, ist die Beendigung derselben maßgebend.

(6) Der Unternehmer hat dafür zu sorgen, dass die Betriebssanitäter regelmäßig innerhalb von drei Jahren fortgebildet werden. Für die Fortbildung gilt Absatz 3 entsprechend.

Gegenüber dem Ersthelfer liegt die Aufgabe des umfangreicher ausgebildeten Betriebssanitäters in der erweiterten Ersten Hilfe. Neben den grundlegenden Maßnahmen der Ersten Hilfe beherrscht er auch den Einsatz und die Verwendung von Geräten, z.B. Beatmungsbeutel und Sauerstoffbehandlungsgerät. Dies kommt auch in der Aus- und Fortbildung zum Ausdruck. Die Ausbildung umfasst einen 63-stündigen Grundlehrgang mit anschließendem 32-stündigen Aufbaulehrgang bei speziell dazu geeigneten Stellen. Anschließend ist spätestens alle 3 Jahre eine Fortbildung von 16 Unterrichtseinheiten notwendig. Die Anforderungskriterien an geeignete Stellen für die Betriebssanitäterausbildung nach Absatz 3 sind in dem DGUV Grundsatz 304-002 „Aus- und Fortbildung für den betrieblichen Sanitätsdienst“ erläutert. Heilgehilfen nach den Bergverordnungen der Länder sind den Betriebssanitätern gleichgestellt.

Krankheits- und Urlaubszeiten der Betriebssanitäter hat der Unternehmer zu berücksichtigen. Die Notwendigkeit eines Betriebssanitäters ist bereits bei der Planung von Betrieben bzw. Bauvorhaben oder bei vorgesehenen Betriebserweiterungen zu prüfen.

Die Zahl der anwesenden Versicherten bezieht sich auf die Betriebsstätte als örtlich abgegrenzte, nach Aufgabenbereich und Organisation eigenständige Unternehmenseinheit. Im Außendienst tätige Personen sind bei der Zahl der anwesenden Versicherten nicht mit einzubeziehen. Ist eine zeitnahe Versorgung durch Betriebssanitäter gewährleistet, sind Betriebseinheiten, die neben dem Hauptbetrieb liegen, diesem zuzurechnen, ansonsten ist eine eigene Bewertung vorzunehmen.

Ein Verzicht auf Betriebssanitäter auf Baustellen kann nur im Einvernehmen mit dem zuständigen Unfallversicherungsträger und im Einzelfall, d.h. auf eine einzelne Baustelle bezogen, erfolgen.

Art, Zahl und Schwere der Unfälle

Bei der Art, Schwere und Zahl der Unfälle ist jeweils von den zu erwartenden Unfall- und Gesundheitsgefahren auszugehen. Diese Gefahren lassen sich aus dem zurückliegenden Unfallgeschehen abschätzen. Die Schwere eines Unfalls ist nach Art und Umfang des eingetretenen Körperschadens zu beurteilen. Der Unternehmer hat dabei auch die Möglichkeit eines Notfalls mit einer größeren Zahl von Verletzten oder Vergifteten in Betracht zu ziehen.

§ 28 – Unterstützungspflichten der Versicherten

(1) Im Rahmen ihrer Unterstützungspflichten nach § 15 Absatz 1 haben sich Versicherte zum Ersthelfer ausbilden und in der Regel in Zeitabständen von zwei Jahren fortbilden zu lassen. Sie haben sich nach der Ausbildung für Erste-Hilfe-Leistungen zur Verfügung zu stellen. Die Versicherten brauchen den Verpflichtungen nach den Sätzen 1 und 2 nicht nachzukommen, soweit persönliche Gründe entgegenstehen.

(2) Versicherte haben unverzüglich jeden Unfall der zuständigen betrieblichen Stelle zu melden; sind sie hierzu nicht im Stande, liegt die Meldepflicht bei dem Betriebsangehörigen, der von dem Unfall zuerst erfährt.

Die Erste Hilfe in den Betrieben gelingt nur, wenn die Versicherten mitwirken. Diese haben zu berücksichtigen, dass sie nach § 15 Absatz 1 verpflichtet sind, den Unternehmer zu unterstützen. Melden sich nicht genügend Versicherte freiwillig, kann der Unternehmer von seinem Direktionsrecht Gebrauch machen und einzelne Mitarbeiter auswählen. Ein Einverständnis der Versicherten ist grundsätzlich nicht erforderlich. Die Pflicht, sich als Ersthelfer zur Verfügung zu stellen, entfällt z.B. bei körperlicher Behinderung oder psychischen Krankheiten. Unterläuft dem Ersthelfer ein Fehler, obwohl er im Rahmen seines Wissens und Könnens gehandelt hat, so kann er dafür strafrechtlich nicht zur Verantwortung gezogen werden. Andererseits kann die unterlassene Hilfeleistung strafrechtlich verfolgt werden.

Die Verpflichtung der Versicherten nach Absatz 2, jeden Unfall dem Unternehmer zu melden, soll helfen, die notwendigen Maßnahmen der Heilbehandlung einzuleiten.

Nähere Hinweise enthält die DGUV Information 204-022 „Erste Hilfe im Betrieb".

Vierter Abschnitt: Persönliche Schutzausrüstungen

§ 29 – Bereitstellung

(1) Der Unternehmer hat gemäß § 2 der PSA-Benutzungsverordnung den Versicherten geeignete persönliche Schutzausrüstungen bereitzustellen; vor der Bereitstellung hat er die Versicherten anzuhören.

(2) Der Unternehmer hat dafür zu sorgen, dass die persönlichen Schutzausrüstungen den Versicherten in ausreichender Anzahl zur persönlichen Verwendung für die Tätigkeit am Arbeitsplatz zur Verfügung gestellt werden. Für die bereitgestellten persönlichen Schutzausrüstungen müssen EG-Konformitätserklärungen vorliegen. Satz 2 gilt nicht für Hautschutzmittel.

Entsprechend § 2 Absatz 2 DGUV Vorschrift 1 i.V.m. § 4 Nr. 5 Arbeitsschutzgesetz hat der Unternehmer zu beachten, dass individuelle Schutzmaßnahmen nachrangig zu „anderen Maßnahmen" sind; hierbei handelt es sich um Maßnahmen, die sich auf mehrere Beschäftigte beziehen, z.B. schallschluckende Fußböden, Decken und Wände in einer Produktionshalle. Die Benutzung von PSA ist dann als Maßnahme des Arbeitsschutzes geeignet, wenn die Gefährdungen durch technische Lösungen oder organisatorische Maßnahmen nicht vermieden oder ausreichend begrenzt werden können. Technische oder organisatorische Maßnahmen haben demzufolge immer Vorrang vor der Benutzung von PSA als individuelle Schutzmaßnahme. Sind PSA zum Schutz der Sicherheit und Gesundheit der Beschäftigten erforderlich, sind sie vom Arbeitgeber bereitzustellen. Da die **Kosten** für Maßnahmen nach § 2 Absatz 5 dieser Vorschrift und § 3 Abs. 3 Arbeitsschutzgesetz den Versicherten nicht auferlegt werden dürfen, müssen ihnen persönliche Schutzausrüstungen (z.B. Schutzkleidung, Sicherheitsschuhe, Schutzhandschuhe) vom Arbeitgeber grundsätzlich kostenlos zur Verfügung gestellt werden.

Der Unternehmer darf nur PSA auswählen und bereitstellen, die den Anforderungen der Verordnung über die Bereitstellung von persönlichen Schutzausrüstungen auf dem Markt (Achte Verordnung zum Produktsicherheitsgesetz – Verordnung über die Bereitstellung von persönlichen Schutzausrüstungen auf dem Markt, 8. ProdSV) entsprechen. Persönliche Schutzausrüstungen im Sinne dieser Verordnung sind Vorrichtungen und Mittel, die zur Abwehr und Minderung von Gefahren für Sicherheit und Gesundheit einer Person bestimmt sind und von dieser am Körper oder an Körperteilen gehalten oder getragen werden sowie jede mit demselben Ziel verwendete und mit der persönlichen Schutzausrüstung verbundene Zusatzausrüstung. Spezielle Hinweise zur Auswahl und Benutzung der einzelnen persönlichen Schutzausrüstungen finden sich in den jeweiligen DGUV Regeln (112-189 bis 112-201).

Die PSA-Benutzungsverordnung regelt die Auswahl, Bereitstellung, Wartung, Reparatur, den Ersatz sowie die Lagerung von persönlichen Schutzausrüstungen (PSA) durch den Unternehmer für alle Tätigkeitsbereiche. Dieser wird ferner verpflichtet, die Beschäftigten über die sicherheitsgerechte Benutzung der PSA zu unterweisen (siehe auch § 4).

Unbeschadet seiner Pflichten nach dem Arbeitsschutzgesetz darf der Unternehmer nur persönliche Schutzausrüstungen auswählen und bereitstellen, die

- den Anforderungen der Verordnung über das Inverkehrbringen von persönlichen Schutzausrüstungen entsprechen,
- Schutz gegenüber der zu verhütenden Gefährdung bieten, ohne selbst eine größere Gefährdung mit sich zu bringen,
- für die am Arbeitsplatz gegebenen Bedingungen geeignet sind und
- den ergonomischen Anforderungen und den gesundheitlichen Erfordernissen der Beschäftigten entsprechen.

Persönliche Schutzausrüstungen müssen den Beschäftigten individuell passen. Sie sind grundsätzlich für den Gebrauch durch eine Person bestimmt. Erfordern die Umstände eine Benutzung durch verschiedene Beschäftigte, hat der Unternehmer dafür zu sorgen, dass Gesundheitsgefahren oder hygienische Probleme nicht auftreten.

Durch Wartungs-, Reparatur- und Ersatzmaßnahmen sowie durch ordnungsgemäße Lagerung trägt der Arbeitgeber dafür Sorge, dass die persönlichen Schutzausrüstungen während der gesamten Benutzungsdauer gut funktionieren und sich in einem hygienisch einwandfreien Zustand befinden.

Der Unternehmer hat die Versicherten zur Bereitstellung und Benutzung von PSA anzuhören, d.h. Gelegenheit zur Stellungnahme zu geben. Die Versicherten sind nicht gezwungen, sich zu äußern. Der Unternehmer ist an die Stellungnahme der Versicherten nicht gebunden. In Betrieben mit einer Mitarbeitervertretung hat diese in Fragen des Arbeits- und Gesundheitsschutzes ein Mitbestimmungsrecht, aus der sich die Anhörung ableitet.

§ 30 – Benutzung

(1) Der Unternehmer hat dafür zu sorgen, dass persönliche Schutzausrüstungen entsprechend bestehender Tragezeitbegrenzungen und Gebrauchsdauern bestimmungsgemäß benutzt werden.

(2) Die Versicherten haben die persönlichen Schutzausrüstungen bestimmungsgemäß zu benutzen, regelmäßig auf ihren ordnungsgemäßen Zustand zu prüfen und festgestellte Mängel dem Unternehmer unverzüglich zu melden.

Tragezeitbegrenzungen sind zeitliche Begrenzungen bei der Benutzung von persönlichen Schutzausrüstungen, die den Benutzer vor Überbeanspruchung schützen sollen. Tragezeitbegrenzungen sind insbesondere bei der Benutzung von Schutzkleidung, (siehe DGUV Regel 212-189 „Benutzung von Schutzkleidung“) und Atemschutz (siehe DGUV Regel 112-190 „Benutzung von Atemschutzgeräten“) von Bedeutung. Gebrauchsdauer ist die Zeitspanne, in der die Funktionstüchtigkeit (Schutzwirkung) von persönlichen Schutzausrüstungen erhalten bleibt. Sie wird durch verschiedene Einflüsse bestimmt, z.B. durch Lagerzeiten, Lagerbedingungen, Witterungseinflüsse, Pflegezustand oder Art des Einsatzes und dessen Bedingungen. Hinweise zur Gebrauchsdauer sind in der Benutzerinformation enthalten.

Absatz 2 konkretisiert die allgemeine Unterstützungspflicht der Versicherten nach § 15 sowie die Meldepflichten nach § 16. Vor jeder Benutzung müssen persönliche Schutzausrüstungen vom Versicherten auf augenscheinliche Mängel (z.B. Risse, beschädigte Versiegelung von Atemschutzfiltern, beschädigte Laufsohlen etc.) hin geprüft werden (Sicht-/Funktionsprüfung). Sofern dieser vermutet, dass kein ordnungsgemäßer Zustand vorliegt, so hat er dieses dem Unternehmer bzw. seinem Beauftragten (siehe § 13) unverzüglich zu melden.

§ 31 – Besondere Unterweisungen

Für persönliche Schutzausrüstungen, die gegen tödliche Gefahren oder bleibende Gesundheitsschäden schützen sollen, hat der Unternehmer die nach § 3 Absatz 2 der PSA-Benutzungsverordnung bereitzuhaltende Benutzungsinformation den Versicherten im Rahmen von Unterweisungen mit Übungen zu vermitteln.

Die Vorschrift konkretisiert die allgemeine Unterweisung nach § 4. Bei persönlicher Schutzausrüstung, die gegen tödliche Gefahren oder bleibende Gesundheitsschäden schützen soll (PSA Kategorie III), sind darüber hinaus zusätzlich zu Unterweisungen Übungen erforderlich, z.B. bei Atemschutzgeräten, PSA gegen Absturz, PSA zum Retten aus Höhen und Tiefen, Tauchgeräten. Ziel der Übungen ist neben einer sicheren Benutzung der persönlichen Schutzausrüstungen auch das richtige Verhalten in kritischen Situationen, z.B. das richtige An- und Ablegen der persönlichen Schutzausrüstungen sowie das Üben von Rettungsverfahren. Unterweisungen mit Übungen sind vor der ersten Benutzung und anschließend nach Bedarf, mindestens jedoch einmal jährlich, durchzuführen. Für jede bereitgestellte persönliche Schutzausrüstung hat der Arbeitgeber erforderliche Informationen für die Benutzung für die Beschäftigten in verständlicher Form und Sprache bereitzuhalten. Die Benutzungsinformation enthält die wesentlichen Herstellerinformationen. Sie dient unter anderem als Grundlage für die Erstellung der Betriebsanweisung.

© fotomek – fotolia.com

Fünftes Kapitel: Ordnungswidrigkeiten

§ 32 – Ordnungswidrigkeiten

Ordnungswidrig im Sinne des § 209 Absatz 1 Nummer 1 Sozialgesetzbuch Siebtes Buch (SGB VII) handelt, wer vorsätzlich oder fahrlässig den Bestimmungen der § 2 Abs. 5, § 12 Abs. 2, § 15 Abs. 2, § 20 Abs. 1, § 24 Abs. 6, § 25 Abs. 1, 4 Nr. 1 oder 3, § 26 Abs. 1 Satz 1 oder Abs. 2 Satz 1, § 27 Abs. 1 Satz 1 Nr. 1 oder 3, Abs. 3, § 29 Abs. 2 Satz 2 oder § 30 zuwiderhandelt.

Längst nicht jeder Verstoß gegen die Regelungen der DGUV Vorschrift 1 stellt eine Ordnungswidrigkeit dar, sondern nur die in § 31 genannten Tatbestände. Diese beziehen sich im Wesentlichen auf § 209 Absatz 1 Nr. 1 SGB

VII (Zuwiderhandlung gegen die Regelung in einer Unfallverhütungsvorschrift, soweit diese für bestimmte Tatbestände auf § 209 SGB VII verweist). Der Verstoß kann dabei in einem Handeln oder Unterlassen bestehen. Vorsatz ist der Wille zur Verwirklichung eines Tatbestandes in Kenntnis aller objektiven Tatumstände (siehe auch § 104 SGB VII). Fahrlässig handelt, wer die Sorgfalt, zu der er nach den Umständen und seinen persönlichen Fähigkeiten verpflichtet und imstande ist, außer Acht lässt und deshalb entweder die Tatbestandsverwirklichung nicht voraussieht (unbewusste Fahrlässigkeit) oder diese Möglichkeit zwar erkennt, aber dennoch darauf vertraut, dass der Erfolg nicht eintritt (bewusste Fahrlässigkeit). Nach § 209 Absatz 3 SGB VII kann die Ordnungswidrigkeit mit einer Geldbuße bis zu zehntausend Euro geahndet werden.

Sechstes Kapitel: Aufhebung von Unfallverhütungsvorschriften

§ 33 – Aufhebung von Unfallverhütungsvorschriften

Folgende Unfallverhütungsvorschrift wird aufgehoben:

(Text für Berufsgenossenschaften): „Grundsätze der Prävention“ (BGV A1) vom …

(Text für UVT der öffentlichen Hand): „Grundsätze der Prävention“ (GUV-V A1) vom …

Anders als die gesetzlich geregelte Inkraftsetzung von Unfallverhütungsvorschriften (siehe nachfolgend § 34) ist deren Außerkraftsetzung nicht ausdrücklich gesetzlich geregelt. Aus den formalisierten Regelungen zur Inkraftsetzung kann jedoch gefolgert werden, dass die Unfallverhütungsvorschriften der einzelnen UV-Träger so lang verbindlich in Kraft bleiben, solange sie nicht – analog der Inkraftsetzung – durch Beschluss der Vertreterversammlung jedes betroffenen UV-Trägers sowie durch Genehmigung des zuständigen Ministeriums/Landes einzeln oder per Sammelbeschluss außer Kraft gesetzt worden sind und die Außerkraftsetzung in geeigneter Weise bekannt gemacht worden ist.

Siebtes Kapitel: Inkrafttreten

§ 34 – Inkrafttreten

Diese Unfallverhütungsvorschrift tritt am ... in Kraft.

Nach § 33 SGB IV werden Unfallverhütungsvorschriften von den Vertreterversammlungen der einzelnen Unfallversicherungsträger beschlossen und vom zuständigen Bundesministerium (bei Berufsgenossenschaften) bzw. durch die obersten Landesbehörden (bei UV-Trägern der öffentlichen Hand) genehmigt. Danach sind sie bekanntzumachen, wobei die Art der Bekanntmachung (z.B. amtliches Mitteilungsblatt, Internet-Auftritt oder Bundesanzeiger) durch die Satzung der UV-Träger bestimmt wird. Erst dann sind sie „erlassen". Unfallverhütungsvorschriften sind autonome Rechtsnormen jedes einzelnen UV-Trägers und für die Unternehmen des UV-Trägers sowie die Versicherten unmittelbar verbindlich.

Anlage 1

Zu § 2 Abs. 1:

Staatliche Arbeitsschutzvorschriften, in denen vom Unternehmer zur Verhütung von Arbeitsunfällen, Berufskrankheiten und arbeitsbedingten Gesundheitsgefahren zu treffende Maßnahmen näher bestimmt sind, sind – in ihrer jeweils gültigen Fassung – insbesondere:

- Arbeitsschutzgesetz (ArbSchG),
- Arbeitsstättenverordnung (ArbStättV),
- Baustellenverordnung (BaustellV),
- Bildschirmarbeitsverordnung (BildscharbV),
- Biostoffverordnung (BioStoffV),
- Betriebssicherheitsverordnung (BetrSichV),
- Gefahrstoffverordnung (GefStoffV),
- Lärm- und Vibrations-Arbeitsschutzverordnung (LärmVibrationsArbSchV),

- Lastenhandhabungsverordnung (LasthandhabV),
- PSA-Benutzungsverordnung (PSA-BV),
- Verordnung zur arbeitsmedizinischen Vorsorge (ArbMedVV),
- Verordnung zum Schutz der Beschäftigten vor Gefährdungen durch künstliche optische Strahlung (OStrV).

Die vorstehende Auflistung ist nicht abschließend.

Der gesetzliche Auftrag der Unfallversicherungsträger zur Verhütung von Arbeitsunfällen, Berufskrankheiten und arbeitsbedingten Gesundheitsgefahren gilt auch für Unternehmer und Versicherte, die nicht unmittelbar durch die Anwendungsbereiche der staatlichen Arbeitsschutzvorschriften erfasst sind.

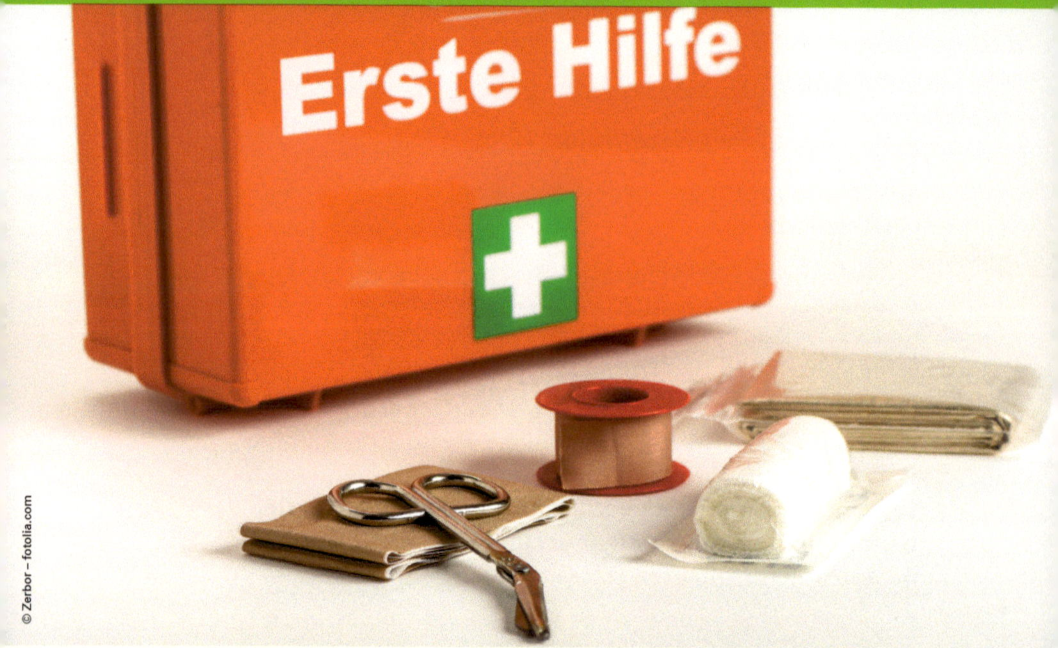

Anlage 2

Zu § 26 Abs. 2:

Voraussetzungen für die Ermächtigung als Stelle für die Aus- und Fortbildung in der Ersten Hilfe

Stellen, die Aus- und Fortbildung in der Ersten Hilfe durchführen, bedürfen einer schriftlichen Vereinbarung, welche Art und Umfang der Aus- und Fortbildungsleistungen und die Höhe der Lehrgangsgebühren regelt.

1 Allgemeine Grundsätze

1.1 Antrag auf Ermächtigung

Der Antrag auf Ermächtigung ist beim zuständigen Unfallversicherungsträger einzureichen.

1.2 Prüfung

Der Unfallversicherungsträger sowie von dem Unfallversicherungsträger beauftragte Personen sind jederzeit berechtigt, die Lehrgangsräume, die Lehrgangseinrichtungen, die Unterrichtsmittel sowie die Durchführung der Lehrgänge zu prüfen.

1.3 Befristung, Widerruf der Ermächtigung

Die Ermächtigung wird befristet und unter dem Vorbehalt des Widerrufes nach Prüfung der personellen, sachlichen und organisatorischen Voraussetzungen erteilt.

1.4 Änderung einer Voraussetzung

Jede Änderung einer Voraussetzung, die der Ermächtigung zu Grunde liegt, ist unverzüglich dem zuständigen Unfallversicherungsträger anzuzeigen.

2 Personelle Voraussetzungen

2.1 Medizinischer Hintergrund

Der Antragsteller muss nachweisen, dass die Aus- und Fortbildung in der Ersten Hilfe unter der Verantwortung eines hierfür geeigneten Arztes steht.

Geeignet sind Ärzte mit dem Fachkundenachweis Rettungsdienst oder der Zusatzbezeichnung Rettungsmedizin oder vergleichbarer Qualifikation. Ferner müssen die Ärzte eingehende Kenntnisse über Empfehlungen für die Erste Hilfe des Deutschen Beirates für Erste Hilfe und Wiederbelebung bei der Bundesärztekammer besitzen.

2.2 Lehrkräfte

Der Antragsteller muss nachweisen, dass er selbst zur Ausbildung befähigt ist oder über entsprechende Lehrkräfte in ausreichender Zahl verfügt.

Die Befähigung ist gegeben, wenn die Lehrkraft durch Vorlage einer gültigen Bescheinigung nachweist, dass sie an einem speziellen Ausbildungslehrgang für die Erste Hilfe bei einer geeigneten Stelle zur Ausbildung von Lehrkräften teilgenommen hat. Die Lehrkraft muss in angemessenen Zeitabständen fortgebildet werden.

2.3 Erfahrung in Organisation und Durchführung der Ersten Hilfe

Der Antragsteller muss nachweisen, dass er über besondere Erfahrungen in Organisation und Durchführung der Ersten Hilfe verfügt. Das ist der Fall, wenn er oder seine Lehrkräfte in der Regel seit mindestens drei Jahren im öffentlichen oder betrieblichen Rettungsdienst tätig sind und Einsatzerfahrung nachweisen können.

2.4 Versicherungsschutz

Der Antragsteller muss nachweisen, dass er eine Haftpflichtversicherung abgeschlossen hat, die eventuelle Personen- und Sachschäden, die im Zusammenhang mit der Aus- und Fortbildung stehen, abdeckt.

3 Sachliche Voraussetzungen

3.1 Lehrgangsräume, -einrichtungen und Unterrichtsmittel

Für die Lehrgänge müssen geeignete Räume, Einrichtungen und Unterrichtsmittel vorhanden sein. Es muss mindestens ein Raum zur Verfügung stehen, in dem 20 Personen durch theoretischen Unterricht, praktische Demonstrationen und Übungen in der Ersten Hilfe unterwiesen werden können. Der Raum muss über ausreichende Beleuchtung verfügen. Zudem müssen Sitz- und Schreibmöglichkeiten sowie Waschgelegenheiten und Toiletten vorhanden sein.

Es müssen die notwendigen Unterrichtsmittel, insbesondere Demonstrations- und Übungsmaterialien sowie geeignete Medien, wie Tageslichtprojektor und Lehrfolien, vollzählig und funktionstüchtig zur Verfügung stehen.

Die Demonstrations- und Übungsmaterialien, insbesondere die Geräte zum Üben der Atemspende und der Herzdruckmassage, unterliegen besonderen Anforderungen der Hygiene und müssen nachweislich desinfiziert werden.

4 Organisatorische Voraussetzungen

4.1 Anzahl der Teilnehmer

An einem Lehrgang sollen in der Regel mindestens 10 und nicht mehr als 15 Personen teilnehmen. Die Teilnehmerzahl darf jedoch, auch bei Anwesenheit eines Ausbildungshelfers, 20 Personen nicht übersteigen.

4.2 Ausbildungsleistung

Der Antragsteller muss gewährleisten, dass jährlich mindestens 100 Versicherte aus- oder fortgebildet werden.

4.3 Inhalt und Umfang der Lehrgänge

Die Aus- und Fortbildung muss nach Inhalt und Umfang sowie in methodisch-didaktischer Hinsicht mindestens dem Stoff entsprechen, der in sachlicher Übereinstimmung mit den in der Bundesarbeitsgemeinschaft Erste Hilfe vertretenen Hilfsorganisationen und unter Berücksichtigung von Empfehlungen des Deutschen Beirates für Erste Hilfe und Wiederbelebung bei der Bundesärztekammer in den Lehrplänen und Leitfäden zum Erste-Hilfe-Lehrgang festgelegt ist.

4.4 Teilnehmerunterlagen

Jedem Teilnehmer an einer Aus- und Fortbildungsmaßnahme ist eine Informationsschrift über die Lehrinhalte auszuhändigen, die mindestens den Inhalten der Information „Handbuch zur Ersten Hilfe“ (BGI/GUV-I 829) entspricht.

4.5 Teilnahmebescheinigung

Jedem Teilnehmer ist eine Teilnahmebescheinigung auszuhändigen. Die Bescheinigung über die Aus- und die Fortbildung in der Ersten Hilfe darf jeweils nur erteilt werden, wenn die Lehrkraft die Überzeugung gewonnen hat, dass der Teilnehmer nach regelmäßigem Besuch die erforderlichen Kenntnisse und Fähigkeiten gemäß Abschnitt 4.3 besitzt.

4.6 Dokumentation

Die ermächtigte Stelle hat über die durchgeführten Lehrgänge folgende Aufzeichnungen zu führen:

- Art der jeweiligen Aus- oder Fortbildungsmaßnahme,
- Ort und Zeit der Maßnahme,
- Name des verantwortlichen Arztes,
- Name der Lehrkraft,
- Name, Geburtsdatum und Unterschrift des Teilnehmers,
- Arbeitgeber des Teilnehmers,
- Kosten tragender Unfallversicherungsträger.

Die Aufzeichnungen sind fünf Jahre aufzubewahren und auf Anforderung des Unfallversicherungsträgers vorzulegen.

5 Besondere Voraussetzungen für die Erste-Hilfe-Aus- und Fortbildung in Bildungs- und Betreuungseinrichtungen für Kinder

Diese Ausbildung enthält Erste-Hilfe-Maßnahmen für Erwachsene und Kinder und bedarf neben den oben genannten Voraussetzungen auf die Ausbildungsform abgestimmte Lehrgangsinhalte, weitere sachliche Ausstattungen, eine Zusatzqualifikation der Lehrkräfte sowie die Aushändigung einer Informationsschrift, die mindestens der Information „Handbuch zur Ersten Hilfe in Bildungs- und Betreuungseinrichtungen für Kinder" (BGI/GUV-I 5146) entspricht.

© photogl – fotolia.com

Glossar

Äußerer Schulbereich → *Schulsachkostenträger*

Alleinarbeit liegt vor, wenn eine Person allein, außerhalb von Ruf- und Sichtweite zu anderen Personen, Arbeiten ausführt.

Arbeitsablauf bezeichnet die räumliche und zeitliche Abfolge des Zusammenwirkens von Mensch, Arbeitsmittel, Material, Energie und Informationen an einem bestimmten Arbeitsplatz.

Arbeitsmedizinische Untersuchungen von Beschäftigten lassen sich in zwei Bereiche einteilen:

- Untersuchungen, bei denen die Eignung der untersuchten Person für eine bestimmte Tätigkeit im Interesse des Arbeitgebers oder zum Schutz Dritter ermittelt werden soll (so genannte **Eignungsuntersuchungen**).
- **Vorsorgeuntersuchungen**, die der Früherkennung arbeitsbedingter Gesundheitsstörungen sowie der Fest-

stellung dienen, ob bei Ausübung einer bestimmten Tätigkeit eine erhöhte gesundheitliche Gefährdung besteht. Eine arbeitsmedizinische Vorsorgeuntersuchung kann sich auf ein Beratungsgespräch beschränken, wenn zur Beratung körperliche oder klinische Untersuchungen nicht erforderlich sind.

Arbeitsmedizinische Vorsorgeuntersuchungen → *Arbeitsmedizinische Untersuchungen*

Arbeitsmittel sind Werkzeuge, Geräte, Maschinen oder Anlagen, die bei der Arbeit benutzt werden.

Arbeitsunfälle sind Unfälle von Versicherten infolge einer versicherten Tätigkeit. Unfälle sind zeitlich begrenzte, von außen auf den Körper einwirkende Ereignisse, die zu einem Gesundheitsschaden oder zum Tod führen.

Arbeitsverfahren ist die Gesamtheit der Tätigkeiten von Versicherten zur Erzielung eines bestimmten Arbeitsergebnisses.

Aufsichtführende Person ist eine zuverlässige, mit der Arbeit vertraute und auch weisungsbefugte Person. Diese beaufsichtigt und überwacht die arbeitssichere Durchführung der Arbeiten. Hierfür muss sie ausreichende fachliche Kenntnisse besitzen.

Aufsichtspersonen sind die von den Unfallversicherungsträgern beschäftigten Personen, die die Durchführung der Maßnahmen zur Verhütung von Arbeitsunfällen, Berufskrankheiten und arbeitsbedingten Gesundheitsgefahren sowie zur Sicherstellung einer wirksamen Ersten Hilfe in den Betrieben überwachen und die Versicherten und Unternehmer in allen Fragen des Arbeitsschutzes beraten.

Berufskrankheiten sind die Krankheiten, die ein Versicherter in Folge seiner Tätigkeit erleidet und die der Gesetzgeber als Berufskrankheit in einer staatlichen Verordnung (Berufskrankheiten-Verordnung) benannt hat.

Besondere Gefahr ist gleichzusetzen mit dem Begriff „unmittelbar erhebliche Gefahr". Beide Begriffe bezeichnen eine Sachlage, bei der der Eintritt eines Schadens ohne zusätzliche Schutzmaßnahmen sehr wahrscheinlich ist oder sein Eintritt nicht mehr abgewendet werden kann und der Schaden nach Art oder Umfang besonders schwer ist.

Durchgangsarzt (D-Arzt): D-Ärzte sind niedergelassene oder an einem Krankenhaus tätige Ärzte für Chirurgie oder Orthopädie mit besonderer Erfahrung in der unfallmedizinischen Behandlung. Sie werden von den Unfallversicherungsträgern bestellt.

Ehrenamtlich tätig ist eine Person, die ein ihr übertragenes Amt ausübt, ohne in einem Beschäftigungsverhältnis zu stehen.

Eignungsuntersuchungen → *Arbeitsmedizinische Untersuchungen*

Einrichtungen sind insbesondere Gebäude oder Gebäudeteile und die für deren Betrieb notwendige Gebäudetechnik sowie die darin zu installierenden bzw. installierten Arbeitsmittel und Anlagen.

Fremdunternehmen ist ein Unternehmen, das auf einer Betriebsstätte tätig wird, für die ein anderer Unternehmer verantwortlich ist. Fremdunternehmer können auch Subunternehmer sein.

Gefährdungsbeurteilung ist ein Prozess zur Ermittlung von Gefährdungen und zur Bewertung der damit verbundenen Risiken.

Gefährliche Arbeiten sind solche, bei denen eine erhöhte Gefährdung aus dem Arbeitsverfahren, der Art der Tätigkeit, den verwendeten Stoffen oder der Umgebung gegeben ist, weil keine ausreichenden Schutzmaßnahmen durchgeführt werden können.

Gegenseitige Gefährdungen liegen vor, wenn sich die Tätigkeiten eines Versicherten auf einen Beschäftigten eines anderen Unternehmers so auswirken, dass die Möglichkeit eines Unfalls oder eines Gesundheitsschadens besteht.

Innerer Schulbereich → *Schulhoheitsträger*

Pflichtenübertragung ist die Übertragung von Aufgaben, Pflichten und Verantwortlichkeiten des Unternehmers aus dem Bereich des Arbeits- und Gesundheitsschutzes.

Das **Regelwerk der Unfallversicherungsträger** umfasst die Regeln für Sicherheit und Gesundheitsschutz (DGUV Regeln), Informationen (DGUV Informationen) und Grundsätze (DGUV Grundsätze).

- Regeln für Sicherheit und Gesundheitsschutz (DGUV Regeln) dienen einerseits dazu, bestimmte staatliche Arbeitsschutzvorschriften oder Unfallverhütungsvorschriften zu konkretisieren oder zu erläutern; andererseits können sie im Einzelnen auch Schutzzielangaben enthalten, die zur Verbesserung von Sicherheit und Gesundheit bei der Arbeit erforderlich sind.
- Informationen (DGUV Informationen) enthalten Hinweise und Empfehlungen, die die praktische Anwendung von Regelungen zu einem bestimmten Sachgebiet oder Sachverhalt erleichtern sollen.
- Grundsätze (DGUV Grundsätze) sind Maßstäbe in bestimmten Verfahrensfragen, z.B. hinsichtlich der Durchführung von Prüfungen.

Schulhoheitsträger (Kultusministerium, Bezirksregierung, Schulamt) ist für die Organisation des Schulbetriebes und für die Unterrichtsinhalte verantwortlich (innerer Schulbereich).

Schulsachkostenträger (Gemeinde, Gemeindeverband, Landkreis, Land) ist zuständig für die Unterhaltung der schulischen Gebäude und Einrichtungen sowie die Ausstattung mit Möbeln, Geräten und Lernmitteln (äußerer Schulbereich).

Schutzsysteme sind Kombinationen von Schutzvorrichtungen, die mechanisch, elektrisch, elektronisch oder mittels programmierbarer elektronischer Einrichtungen gekoppelt sind.

Schutzvorrichtungen sind Sicherheitsbauteile, die zur Abwehr von Gefahren an Maschinen, Arbeitsmitteln und baulichen Einrichtungen angebracht sind. Dabei wird zwischen trennenden, fangenden, ortsbindenden und abweisenden Schutzvorrichtungen sowie Schutzvorrichtungen mit Annäherungsreaktion unterschieden.

Sozialgesetzbuch VII (SGB VII): Im Siebten Buch Sozialgesetzbuch sind unter anderem die Aufgaben der Unfallversicherung, des gesamten Präventionsbereichs sowie Leistungen nach Eintritt eines Versicherungsfalls festgelegt.

Unfallverhütungsvorschriften (UVVen) werden nach § 15 SGB VII als Satzungsrecht erlassen und sind für Unternehmer und Versicherte rechtsverbindlich.

Unfallversicherungsträger (UV-Träger) sind Berufsgenossenschaften und Unfallversicherungsträger der öffentlichen Hand (Unfallkassen, Gemeindeunfallversicherungsverbände).

Unmittelbar erhebliche Gefahr → *Besondere Gefahr*

Unternehmer ist nach § 136 SGB VII derjenige, dem das Ergebnis des Unternehmens unmittelbar zum Vor- oder Nachteil gereicht. Hierzu zählen insbesondere natürliche Personen, die Aktiengesellschaft, die GmbH, die offene Handelsgesellschaft, die Kommanditgesellschaft, der eingetragene Verein, Bund, Länder und Gemeinden sowie Stiftungen, Körperschaften und Anstalten des öffentlichen Rechts. Für Einrichtungen, mit ehrenamtlich Tätigen,

Kindertageseinrichtungen, Schulen und Hochschulen ist der Sachkostenträger der Unternehmer.

Unterweisung ist die auf den konkreten Arbeitsplatz oder Aufgabenbereich ausgerichtete Erläuterung und Anweisung des Unternehmers für ein sicherheitsgerechtes Verhalten der Versicherten, die durch praktische Übungen ergänzt werden kann.

Versicherte sind alle Personen, die nach den §§ 2 ff. SGB VII den Schutz der gesetzlichen Unfallversicherung genießen. Es handelt sich in der Regel um Personen, die in einem inländischen Unternehmen als Arbeitnehmer beschäftigt werden. Versicherte können auch Personen sein, die keine Beschäftigte im Sinne des staatlichen Arbeitsschutzrechts sind, z.B.

- selbstständig, unentgeltlich oder insbesondere ehrenamtlich, z.B. bei der freiwilligen Feuerwehr, im Gesundheitsdienst oder in der Wohlfahrtspflege Tätige, z.B. beim Deutschen Roten Kreuz, Malteser Hilfsdienst, bei der Johanniter Unfallhilfe, beim Arbeiter-Samariter-Bund,
- Ersthelfer bei Unfällen,
- Kinder, Schüler und Studierende während des Besuchs der jeweiligen Einrichtung, z.B. Kindergärten, Schulen, Tageseinrichtungen.

Meine Berufsgenossenschaft

Name der BG: ______________________________

____

Straße: ______________________________

PLZ, Ort: ______________________________

Telefon: ______________________________

Fax: ______________________________

Internet: ______________________________

Wichtige Ansprechpartner:

Name: ______________________________

Telefon: ______________________________

Name: ______________________________

Telefon: ______________________________

Name: ______________________________

Telefon: ______________________________